창경궁

궁궐로 떠나는 힐링여행

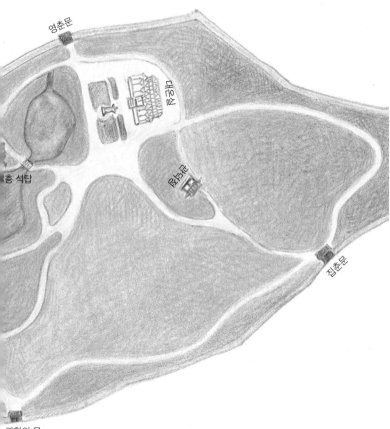

영춘문

대온실

층 석탑

양화당

집춘문

과학의 문

궁궐로 떠나는 힐링여행 : 창경궁

글·그림 이향우
감   수 나각순
사   진 허경희, 이향우

초판 1쇄 발행   2014년 5월 30일

펴 낸 곳   인문산책
펴 낸 이   허경희

주   소   서울시 은평구 갈현로 4길 5-26, 501호
전화번호   02-383-9790
팩스번호   02-383-9791
전자우편   inmunwalk@naver.com
출판등록   2009년 9월 1일

ⓒ 이향우, 2014

ISBN 978-89-98259-11-2   03910

이 도서의 국립중앙도서관 출판시도서목록(CIP)은 서지정보유통지원시스템
홈페이지(http://seoji.nl.go.kr)와 국가자료공동목록시스템(http://www.nl.go.kr/kolisnet)에서
이용하실 수 있습니다.(CIP제어번호: CIP2014015980)

인문여행시리즈 ⑨

창경궁

궁궐로 떠나는 **힐링여행**

글·그림 **이향우** | 감수 **나각순**

인문산책

마음의 삼각대를 세우고 '창경궁앓이'를 하다

창경궁(昌慶宮)의 '창경(昌慶)'이란 '성대한 경사'라는 뜻입니다. 저자 이향우 선생님의 궁궐로 떠나는 힐링여행 '창경궁' 편, 그 이름처럼 성 대한 경사와도 같은 귀한 책과 만나게 되었습니다. 앞서 출간된 조선왕 조의 으뜸 궁궐 '경복궁' 편, 세계문화유산 '창덕궁' 편, 그리고 이번 또 하나의 동궐(東闕) '창경궁' 편까지 궁궐로 떠나는 힐링여행은 반복되는 일상생활 속에서 지친 마음을 달래주고 치유해주며, 나아가 궁궐을 향 유할 수 있는 길잡이가 될 것임에 틀림없을 것입니다. 세계사에서도 그 유래를 찾기 힘들다고 하는 500년이 넘는 긴 왕조의 근간이었으며 유교 문화의 집대성이기도 한 궁궐에 대한 책을 펴내는 것이 결코 녹록치 않 은 일임을 잘 알기에, 우선 저자 이향우 선생님의 값진 노고에 아낌없 는 경의를 표하고 싶습니다.

끝나지 않을 것 같던 조선왕조가 역사의 뒤안길로 사라지면서 지금 은 비록 주인 잃은 빈집이 되어버린 궁궐이지만, 이 책과 함께라면 조 선의 궁궐 속에서 조선의 시간이 다시 흐를 것만 같습니다. 책 속에 담 긴 창경궁에 대한 역사적·문화적 사실과 정보 및 그 가치는 그동안 독 자들이 접했던 궁궐에 대한 수많은 서적들과 비교해도 결코 부족하거

아름드리 수목으로 이루어진 창경궁의 가을숲

나 모자라지 않을 것입니다. 한 장 한 장 책장을 넘길 때마다 고스란히
묻어 나오는 창경궁에 대한 저자의 애정과 관심이 가슴 가득히 느껴졌
으며, 저자가 직접 창경궁 여기저기에 머물면서 손수 한 폭 한 폭 도화
지 위에 그렸을 멋진 그림들은 다른 그 어떤 책들에서도 볼 수 없었던
아름다운 예술 작품일 것입니다. 또한 마치 마음 속 삼각대를 세우고
찰칵찰칵 사진을 찍은 것 같은 책 속의 풍경들을, 흐르는 세월은 그리
고 반복되는 계절은 어김없이 독자 여러분께 데리고 올 것입니다.

　궁궐로 떠나는 힐링여행 '창경궁' 편을 통하여 그동안 보지 못했던
공간을 보고, 듣지 못했던 소리를 듣고, 느끼지 못했던 감동을 느끼면서
한동안 '창경궁앓이'를 한 것 같습니다. 이렇듯 궁궐에 대한 스토리텔
링을 통해 공간을 재조명하고, 역사와 관광 나아가 사회와 문화가 결합

되어 문화의 원형이 새로운 문화를 창조해내는 힘을 가지게 된다면, 백성들의 태평성대를 끊임없이 갈망했던 조선왕조의 꿈이 결코 찰나의 행복, 잃어버린 '앓이'가 되지는 않을 것입니다.

독자 여러분, 이향우 선생님과 함께 떠나는 힐링여행을 통하여, 창경궁 곳곳에 자리한 조선왕가의 이야기들과 만나고 나무 한 그루, 꽃 한 송이, 돌 하나가 전하는 보이지 않고 들리지 않는 속삭임에 귀 기울여 보시는 건 어떠실런지요. 비록 순탄치 않았던 역사의 굴레 속에서 남아 있는 전각이 얼마 되지 않는 궁궐이지만, 보이지 않는 것이 더 많아 보이는 것이 오히려 애달프고 슬픈 궁궐 창경궁이 반드시 달리 보이실 겁니다.

마지막으로 부족한 제게 귀한 책의 추천사를 쓸 수 있는 기회를 주신데 진심으로 감사드리며, 멋진 책의 출간 다시 한 번 진심으로 축하드립니다. 조만간 접하게 될 또 다른 조선의 궁궐 '덕수궁' 편과 '종묘' 편도 기대하면서 앞으로도 수많은 독자들에게 뜻 깊은 궁궐 힐링여행이 되기를 바랍니다.

2014년 5월
두 계절을 나누어 가진 봄날의 어느 날
창경궁에서 조송래
(현 창경궁관리소장)

---

* 상주대, 우송대를 졸업하고 동대학원에서 〈朝鮮 王陵 禁川橋에 대한 研究〉로 석사학위를 취득하였으며, 1979년 10월 문화재관리국(현 문화재청) 관리과로 발령받아 구황실재산과 관련된 업무로 공직생활을 시작하였다. 이후 재산관리과, 기념물과, 사적과, 고도보존과 등을 두루 거쳐, 2010년 9월 창경궁관리소장으로 부임하여 현재 재직 중에 있다.

또 하나의 작은 동궐, 창경궁을 그리다

저는 이제 조선왕조의 세 번째 궁궐 아름다운 창경궁으로 여러분을 초대하려 합니다. 조선왕조 최초의 법궁 경복궁 이야기로 여러분과 함께하는 제 첫 번째 궁궐 나들이를 시작했습니다. 그리고 뒤이어 조선왕조의 가장 아름다운 궁궐 창덕궁 이야기를 마치고 긴 여름을 지냈습니다. 그 여름 내내 또 하나의 작은 동궐(東闕) 창경궁(昌慶宮)이 기다려주었고, 저는 이 작고 아름다운 궁궐에 매달려 가을 단풍과 겨울눈을 맞았습니다.

이제 매화향 가득한 옥천교의 개울 물소리가 싱그러운 봄입니다. 창경궁은 정말 정답고 사랑스러운 궁궐입니다. 일제강점기를 거치며 우리 역사에서 경복궁만큼이나 아픈 상처를 지녔던 궁궐이지만, 1980년대의 복원 이후 새로 조성한 나무숲도 그동안 많이 울창해졌습니다. 편안한 산책로를 따라가다 보면 만나게 되는 작은 풀꽃과 햇살 묻어나는 연록의 나뭇잎을 보며 행복했습니다. 그래서 제가 그리는 창경궁은 경복궁이나 창덕궁만큼이나 다시 또 설레고 애틋해질 듯합니다.

창경궁은 창덕궁의 동쪽에 있습니다. 정문은 서울대학교병원의 서쪽 건너편에 있는데, 도로 폭이 좁아서 창경궁의 정문인 홍화문 앞으로는 큰 공간이 확보되지 않았습니다. 홍화문 바로 길 건너에 버스 정류장이

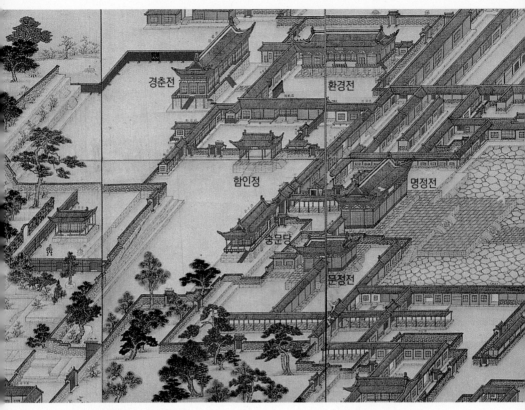

경춘전　　　　　　　　　환경전

함인정　　　　　　　　　명정전

숭문당

문정전

〈동궐도〉에서 보는 창경궁 영역

있고 짧은 건널목이 있으니 경복궁이나 창덕궁의 입지와는 상당히 다
르지요. 더구나 정문 홍화문의 방향이 동향을 하고 있습니다. 그리고 실
제 창경궁의 궁궐 규모는 그리 크지 않아서 애초에 창경궁을 지을 때
법궁의 역할을 염두에 두고 지은 것이 아닙니다. 이렇듯 넓지 않은 면
적에 남아 있는 전각도 얼마 되지 않는 창경궁 안은 주요 전각 몇 채가
있는 중심부를 제외하면 고즈넉하기만 합니다. 그리고 궁궐 복원을 위

명정문　옥천교　홍화문

하여 발굴 작업을 하고 있거나 수리를 하고 단청을 올리느라 분주한 다른 궁궐과 달리 대부분의 창경궁 전각들은 색이 바랜 채로 고풍스러운 분위기가 한껏 납니다.

　창경궁을 둘러보는 데 그리 긴 시간이 걸릴 것 같지는 않습니다. 홍화문을 들어서서 옥천교를 건너 춘당지까지 가볍게 산책을 하고 나와도 될 듯하군요. 그런데 옥천교를 흐르는 물길과 춘당지의 눈부시도록 아름다운 사계절은 바로 창경궁의 백미입니다. 아마도 우리는 다른 궁궐에서 느끼지 못하던 아주 특별한 감성을 이 궁궐에서 찾게 될 것 같습니다.

그리고 창경궁 산책의 또 하나의 코스는 창덕궁을 관람하고 난 후 함양문을 통해 창경궁으로 입장한 후 통명전 뒤편부터 둘러보는 방법입니다. 궁궐 관람을 꼭 정문에서 출발해야 한다는 고지식한 개념을 버린다면 말입니다. 창경궁이 갖는 궁궐로서의 독립성을 무시해서가 아니라 애초에 창경궁이 창덕궁과 함께 동궐로 조성된 궁궐이기 때문에 가능한 일입니다. 그리고 실제로 궁궐에 살던 옛 사람들은 두 궁궐의 중간에 있는 사잇문을 통해 창덕궁과 창경궁을 드나들었습니다.

창경궁은 다른 궁들에 비해 왕가에서 일어난 이야기가 유독 많은 곳입니다. 문정전 남쪽의 취선당이 있던 자리, 그 나무 숲길을 걷다 보면 혹 당신은 장희빈의 풀꽃 같은 걸음을 만날지도 모르겠습니다. 또 선인문 앞을 걷다가 이 아름다운 궁궐에서 아들을 뒤주 속에 가두어 죽일 수밖에 없었던 잔혹한 아버지 영조와 아비를 잃은 어린 세손 정조를 만나거든 위로의 말을 건넬 수도 있겠지요. 그리고 참담한 비극을 몸으로 겪고 살아남아 한 맺힌 기록으로 남긴 여인 혜경궁 홍씨도 함께 기억해 주세요. 바로 그날의 그 참혹한 사건을 묵묵히 바라보았던 나무 한 그루가 오늘까지도 우리를 기다리고 있는 창경궁에서 당신과 함께 걸어 보려 합니다. 당신은 이 작은 궁궐 창경궁에서 우리는 많은 아름다운 것들과 함께 가슴 에이는 슬픈 정경 그리고 피할 수 없었던 우리의 아픈 역사도 만나게 될 것입니다. 자, 그러면 이제 저와 함께 이 작은 동궐에 들어서서 오랜 세월 이 궁궐과 함께했던 그들의 이야기를 들어

보실까요. 그리고 소나무 숲을 거닐면서, 또 춘당지에 반짝이는 햇살을 보면서 물소리에 바람소리에 귀 기울여보시기 바랍니다.

마지막으로 이 글을 마무리하기까지 각종 자료수집에 아낌없는 도움을 주신 창경궁관리소에 감사드립니다. 늘 격려와 응원을 아끼지 않은 저희 가족과 우리궁궐지킴이 동료들이 제 곁에 있었고, 관련 학계의 여러분들께서 많은 도움을 주셨습니다. 인문산책 허경희 대표께도 감사의 말을 전합니다.

2014년 5월 양평 화양리에서

이향우

일러두기

1. 사진은 출판사와 저자가 함께 작업한 후 선별하여 수록했다.
2. 사진에 협조해주신 분의 사진 자료들은 다음과 같다.
   황은열(309쪽, 316쪽)
3. 창경궁 내부 사진 촬영은 창경궁 관리소의 협조로 이루어졌다.
4. 참고문헌은 본문 뒤에 밝혀두었다.
5. 궁궐 지도는 궁궐 본래의 모습과 현재의 복원 상태를 고려하여 저자의 주관적인 생각을
   바탕으로 그려졌다.

차례

1 창경궁 가는 길

율곡로에서 원남동 로터리로 돌아가는 창경궁 동남쪽 궁장입니다.

창경궁의 역사

　창경궁(昌慶宮)은 태종 5년(1405)에 창덕궁(昌德宮)을 완공하여 이궁으로 삼고, 성종 때에 이르러 창덕궁의 부족한 기능을 보완하여 내전(內殿) 영역을 강화한 궁궐입니다. 창경궁은 창덕궁과 담장으로 분리되어 있지만 왕실 가족들과 그에 딸린 사람들을 수용하는 공간으로 창덕궁과 연결되어 동궐(東闕)로 불렸습니다. 궁 이름 '창경(昌慶)'은 '성대한 경사'라는 뜻입니다. 애초에 이 궁궐을 지은 목적과도 부합하는 이름으로 성종은 창경궁을 지으면서 왕실 어른들을 위한 성대한 연회를 베풀어 마음을 위로하고 기쁘게 해드렸습니다.

　이후 창경궁은 1592년 임진왜란 때 완전히 소실된 것을 광해군이 중건했으나, 인조반정 이후 이괄의 난으로 다시 주요 전각이 전소되었습니다. 그 후 인조 11년에는 인경궁(仁慶宮)의 전각 일부를 헐어 창경궁을 수리했습니다. 인조 이후에는 창덕궁이 법궁이 되고 경희궁(慶熙宮)이 이궁(離宮)이 되는 새로운 양궐 체제가 정립되었습니다. 창경궁은 조선왕조 내내 창덕궁과 붙어 있는 한 궁궐처럼 인식되었고, 주로 창덕궁에 임금이 거처했기 때문에 창경궁 역시 왕을 비롯한 왕가의 출입이 잦아서 왕실의 생활공간으로 쓰였습니다.

　고종이 창덕궁에 거주할 때에는 왕이 자주 창경궁에 나아가 명정전이나 통명전·영춘헌 등 주위의 자연 풍광이 좋은 곳에서 문신들과 경

창경궁은 담장으로 분리되어 있지만 창덕궁과 함께 동궐로 불렸다.

전이나 《사기史記》를 강론하기도 하여 창경궁은 조선왕조의 왕궁으로
서 면모를 유지하고 있었습니다. 그러나 창덕궁에서 임오군란과 갑신
정변을 겪고 고종이 경복궁으로 환어(環御)한 이후에는 점차 돌보는 손
길이 뜸해지고 쓸쓸해졌습니다. 1907년(융희 원년) 고종이 강제로 퇴위당
하고 즉위한 순종이 창덕궁으로 이어하면서 일제는 창경궁에 파괴의
손길을 뻗쳤습니다. 일제강점기인 1909년 창경궁에 박물관과 동물원ㆍ
식물원을 지어 '창경원'으로 일반에 공개했던 것을 1983년에야 '창경

궁'이라는 이름을 되찾았습니다.

세종 때의 수강궁

1418년 태종이 세종에게 양위하고 왕위에서 물러나자 세종은 상왕이신 아버지를 위해 옛 고려의 남경(南京) 이궁 터에 수강궁(壽康宮)을 세웠습니다.

● 세종 즉위년(1418) 11월 3일 4번째 기사
상왕전의 신궁(新宮)이 이루어졌으므로, 그 궁의 이름을 수강궁(壽康宮)이라 했다.

수강궁은 당초 세종이 즉위한 해에 왕위에서 물러난 아버지 태종의 거처로 지은 궁입니다. 그러나 태종은 양위를 한 뒤에도 정무에서 완전히 물러나지 않았습니다. 이곳 수강궁에 수시로 신하들을 불러 국사를 논했으며, 특히 병권에 대해서는 태종이 직접 관장한 일들이 그 예입니다. 세종은 태종이 수강궁에 머무는 동안 거의 하루도 거르지 않고 문안을 올렸으며, 명절에는 신하들과 함께 이 수강궁에서 상왕께 하례를 드리기도 했습니다.

수강궁의 규모에 대해서는 자세한 기록이 없어 알 수는 없으며, 1422년 상왕 태종의 승하 이후 크게 사용되지 않았던 것으로 보입니다.

1455년 단종이 어쩔 수 없이 숙부 수양대군에게 선위(禪位 : 왕이 살아서 다른 사람에게 왕위를 물려줌)하고 상왕으로 수강궁에서 머물렀습니다. 그리고 세조가 말년에 병이 깊어지자 이곳에서 머물렀으며, 죽기 하루 전에 예종을 불러 전위(傳位: 임금 자리를 후계자에게 전하여 줌)했습니다. 예종은 수강궁 중문에서 즉위하고서 백관의 하례를 받았습니다.

왕의 효심으로 지어진 창경궁

창경궁은 왕의 정성어린 효심에서 지어진 궁궐입니다. 조선의 9대 왕 성종은 위로 세 분의 대비(정희왕후·소혜왕후·안순왕후)를 모셨습니다. 당시 성종은 창덕궁이 점차 좁고 누추해지자 대비들께서 편히 지낼 수 있도록 창덕궁에 이웃해 창경궁을 건립한 것입니다.

세조와 정희왕후 사이에는 첫째아들 의경세자와 둘째아들 해양대군이 있었습니다. 첫째아들 의경세자가 그만 20세의 나이에 죽자 둘째 아들인 해양대군(예종)이 조선의 8대 왕이 되었으나, 예종은 1년 2개월 만에 세상을 떠납니다. 이때 예종에게는 네 살배기 왕자 제안대군이 있었지만 정희왕후는 왕위를 잇기에는 너무 어리다 하고, 의경세자의 첫째 아들은 병약하다 하여 둘째 아들 잘산군(성종)을 예종의 양자로서 왕위를 이어받게 했습니다.

● 예종 1년(1469) 11월 28일 4번째 기사
세조비 정희왕후는 "이제 원자가 바야흐로 어리고, 또 월산군(의경세자의 큰 아들이자 성종의 친형)은 어려서부터 병에 걸렸으며, 홀로 잘산군이 비록 어리기는 하나 세조께서 일찍이 그 도량을 칭찬하여 태조에 비하는 데에 이르렀으니, 그로 하여금 주상을 삼는 것이 어떠하냐?" 하니, 모두 말하기를, "진실로 마땅합니다" 하니, 그대로 따랐다. 인하여 슬피 울며 목이 메어 슬픔을 스스로 이기지 못했다.

성종이 열세 살의 어린 나이에 왕위에 오르자 할머니 정희왕후가 왕이 20세가 될 때까지 수렴청정을 했습니다. 성종이 즉위하고 나서 친아버지인 의경세자를 덕종으로 추존하고 어머니 수빈은 왕비가 되었습니다. 이 분이 소혜왕후 한씨로 후에 인수대비로 불린 분입니다. 성종은 윗분 대비들은 물론이고 친형 월산대군과 안순왕후의 소생인 제안대군

및 왕실 인사들을 불러 연회를 베풀어 마음을 위로했습니다. 실록은 성종의 품성을 "효우(孝友)는 천성에서 나와 제사에 연고가 있지 아니하면 반드시 몸소 행하시고 반드시 조심하셨다. 세 대비를 봉양함에 있어서는 정성과 공경을 극진히 하시고 동복형[母兄]을 대우하기를 은혜와 예가 지극히 갖추어지게 했으며, 여러 아들은 의방(義方 : 덕의에 알맞은 교훈)으로 가르치셨고, 종족에게는 그 화목함을 극진히 하셨다"라고 말하고 있습니다. 또한 성종은 스스로 윗분들의 뜻을 받들어 수신 근면함은 물론 검약한 생활을 하고 학문에 힘썼던 왕입니다.

성종 10년(1479) 대왕대비(세조비 정희왕후)와 인수대비가 수강궁으로 이어(移御)했습니다. 당시 성종은 경복궁이 음양에 거슬린다는 중론에 따라 대왕대비와 함께 창덕궁에 거처하고 있었습니다. 정희왕후가 수렴청정이 끝나는 시점에서 이제부터 왕을 상전으로 모시라는 의도에서 수강궁으로 거처를 옮긴 것이었습니다. 그러나 수강궁은 지은 지가 오래되고 관리도 소홀하여 이미 건물이 낡고 좁아서 성종으로서는 대왕대비를 수강궁으로 모신다는 것이 송구한 일이었을 겁니다. 그리고 2년 뒤에는 세 분 대비가 경복궁으로 옮겨가자 성종은 경복궁으로 거둥하여 문안을 드렸습니다.

성종은 할머니인 세조비 정희왕후, 어머니인 덕종비 소혜왕후와 작은어머니인 예종비 안순왕후를 모시기 위하여 처음에는 수강궁을 수리할 것을 명했는데, 수리하는 과정에서 수강궁을 확장하여 창경궁을 창건한 것입니다. 성종 14년(1483) 1월 말부터 공사를 시작하고 나서 휴양차 온양 온천에 갔던 정희왕후가 한 달 후 승하했으므로 공사가 일시 중지되기도 했습니다.

성종 15년(1484) 9월 새 궁궐이 지어졌을 때 정희왕후는 이미 승하한 후였고, 창경궁에는 두 분 대비를 모시게 되었습니다. 창건 당시의 창경궁을 경복궁·창덕궁과 비교한 기록으로 보아 창경궁보다 창덕궁이 더 수려했고, 또 창덕궁보다는 경복궁이 더 장려했음을 알 수 있습니다. 물론 이때의 궁궐 건립에서 법궁과 이궁의 위계에 따른 규모도 고려가 되었겠지요.

이에 성종은 창경궁을 짓고 나서 "새 궁궐을 만드는 것은 한 몸의 연락(燕樂)을 위한 계책이 아니라, 오로지 양전(兩殿)을 위한 것이다. 또 내가 굉장하고 화려한 것을 좋아하지 않는데, 이 궁궐은 낮고 작으며 튼튼하므로 내 마음에 바로 맞는다. 창덕궁을 감선(監繕)한 자가 누구인지 모르겠으나, 그 제작이 지나치게 화려하다"고 말하여 창경궁의 조촐한 규모를 칭찬했습니다. 이러한 이유로 창경궁은 왕의 정사를 위한 법궁으로의 역할보다 생활공간을 넓힐 목적으로 세워져 경복궁이나 창덕궁과 달리 조용하고 아늑한 느낌이 듭니다. 이후 성종은 두 대비께서 거처하는 창경궁이 담 밖에서 들여다보이지 않도록 빨리 자라는 버드나무를 심도록 하라는 등 세심한 배려를 했습니다. 그리고 성종 16년(1485) 5월에 인수왕대비와 인혜왕대비가 거처를 창경궁으로 이어하니, 왕은 홍화문(弘化門) 안에서 영접했습니다.

일제강점기의 창경원

우리의 아픈 역사인 일제강점기를 거치며 조선왕조의 궁궐들은 많은 전각들이 헐려 나가고 크나큰 상처를 입고 황폐해져갔습니다. 그러나 창경궁은 다른 궁들보다도 더 많은 아픔이 서려 있는 곳으로 일제의

자경전 터에 세워졌던 이왕가 박물관이 철거된 현재의 모습

흔적이 아직까지도 군데군데 남아 있습니다.

1907년 일제가 고종 황제의 헤이그 특사 파견을 빌미삼아 고종을 강제로 퇴위시키고 순종에게 양위토록 했습니다. 양위를 받은 순종이 고종이 머무는 경운궁에서 창덕궁으로 처소를 옮기면서 창경궁의 수난이 시작되었습니다. 순종이 창덕궁으로 이어(移御)한 이듬해 1908년부터 일제는 임금의 마음을 달래준다는 명목으로 창경궁 안의 전각 60여 채를 헐어내고 ✿동물원과 식물원을 설치하는 한편, 1911년에는 ✿이왕가 박물관 본관을 통명전 북쪽의 높은 언덕 위 자경전 터에 새로 세우고, 식물원 앞에는 춘당지 연못을 파서 일본식 정자를 세웠습니다. 이로써 창경궁의 전각은 대부분 헐리고 궁궐로서의 면모를 상실하게 되었습니다. 한 나라의 왕궁이 당시 동양 최대의 동물원과 식물원이 되어 놀이공원,

창경원(昌慶苑)으로 전락하는 수모를 겪게 된 것입니다.

1909년 11월 1일의 개원을 보도한 2일자 〈대한매일신보〉 기사에 달린 '구경났군'이라는 자조 섞인 제목에는 자못 비통함이 배어나고 있습니다. 창경원은 박물관·동물원·식물원을 갖춘 공원으로서 당시 성인 입장료 10전으로 시민에게 개방되었습니다. 또 일제는 1912년에 율곡로를 개설하여 창경원과 종묘(宗廟)를 단절시켰고, 궁 안에는 일본인이 좋아하는 사쿠라 나무를 수천 그루 심었습니다.

● 순종실록 부록 4년(1911) 4월 26일 1번째 기사
박물관, 동물원, 식물원을 지금부터 창경원(昌慶苑)으로 통칭한다. 그것은 창경궁 내에 있기 때문이다. 【이달 11일에는 원(苑)의 명칭을 동원(東苑)이라 하였다가 이번에 또 개정한 것이다.】

종묘로 통하는 남쪽 문과 연결된 육교가 율곡로 복원공사로 끊겨 있다.

✿ **동물원과 식물원** : 일제는 1909년 창경궁에 동물원과 식물원을 짓고 이를 일반에게 개방했다. 〈대한민보〉 1909년 11월 2일자에는 "어제부터 일반 인민들에게 관람을 허락하였는데 입장료는 어른 10전, 어린이는 5전씩이다. 월요일과 목요일에는 휴관한다"는 기사가 실렸다. 1926년 순종이 승하할 때까지 매주 목요일은 순종의 산책을 위해 휴관하였다. 이후 순종의 국장을 치르고 이듬해 1927년 7월 1일부터 연중 개관하였고, 12월 29일부터 1월 31일까지만 휴관하였다. 당시의 창경궁은 헌종과 철종 이래 약 70년 동안 별로 쓰이지 않아 폐궁과도 같았고, 더구나 일제는 순종이 계신 창덕궁에 인접해 있어 황실의 이용이 편리하다며 이를 정비 활용하자는 데 명분을 내걸었다. 창경궁 파괴 공사는 1907년 겨울 동안에 계획되어 이듬해 봄에 시작되었다. 공사가 시작되자 그 옛날 화려하고 웅장했던 전각·행랑·문루·궁장이 무참히 헐려 여재는 경매로 팔리고, 심지어 초석과 댓돌은 묻히거나 연못과 도랑의 방축으로 쓰였다. 명정전과 남북 행랑 및 주요 전각을 고미술품 전시관으로 하고 남쪽의 보루각(報漏閣) 일대에 동물원을, 북쪽 춘당대(春塘臺)에는 연못을 파고 식물원을 만들었다.

1909년 11월 1일 오전 10시. 순종 황제는 처음으로 모닝코트와 중절모자 차림에 금단장을 짚고 명정전 앞 개원식장에 나왔다. 뒤에는 문무백관과 외국 사신들이 따랐다. 그러나 모처럼의 가벼운 경장에도 불구하고 식장 분위기는 그리 밝지 못했다. 며칠 전에 이토 히로부미가 안중근(安重根) 의사에게 사살된 데다가 궁궐의 파괴를 못마땅하게 여겨오던 일부 신료들이 "왕조의 유서 깊은 궁전을 박물관으로 꾸며 불상이나 골동품, 심지어는 시체를 넣었던 관까지 진열하여 상민들로 하여금 흙발로 드나들게 한다는 것은 있을 수 없는 일이다"며 일반 공개를 반대했기 때문이다. 이에 황제는 "옛일을 보아도 명군은 백성과 함께 즐긴다 했으니 이 '해락(偕樂)'이란 두 글자를 잘 새겨보면 궁원을 일반에 개방하는 깊은 뜻을 알 것이다"라고 타이르기까지 했다. 당시 규범으로는 궁(宮)에는 여전히 상민출입이 임의롭지 못하므로 창경궁(昌慶宮)을 창경원(昌慶苑)으로 격하함으로써 개방의 명분을 찾았던 것이다.

이때의 전시 내용은 동물이 72종 361수(포유류 29종 121수, 조류 43종 240수), 식물 약 200여 종 1,000여 주(열대 및 아열대식물), 유물 약 8,600점(골동 및 미술품)이었다. 주요 동물로는 백두산 호랑이, 타조, 공작, 앵무 등이 이채로웠고, 새로운 시설로는 식물원 대온실과 춘당지 정도로 정원의 조성은 초기 단계였고, 동물사도 대부분 어설픈 가막사여서 원내 풍경은 초라했다. 그러나 개원을 고대했던 장안의 시민들은 그나마 남은 대궐과 진기한 볼거리들을 보기 위하여 연일 모여들었는데 그해 연말까지 2개월 동안의 입장객은 무려 16만 명이나 되었다.

1912년 자경전 터에 세워진 이왕가 박물관

✿ **이왕가 박물관** : 우리나라 최초의 근대적 박물관은 창경궁 자경전 터에 개관하였다. 제실 박물관은 서화·조각·도자기·공예품과 토속품 등 약 17,000여 점을 명정전·환경전·경춘전·양화당 등의 전각에 전시하고 1909년 개관을 하였다. 그리고 일제강점기에 접어들어서 자경전 터에 일본과 서양건축양식을 절충한 박물관을 지어 '이왕가 박물관'으로 불렀다. 지하 1층, 지상 2층인 이 건물은 1912년부터 이왕가 박물관의 본관으로 사용되었고, 8월 20일 전시를 시작하였다. 이후 1938년 박물관은 덕수궁 석조전과 석조전(1909년 준공) 서관을 통합하고 미술품만을 선별하여 '이왕가 미술관'을 발족하였다. 덕수궁 미술관으로 이전한 뒤 이 건물에는 왕실 관계 자료를 열람하는 이왕가 장서각의 도서를 옮겼다. 1981년 설립된 한국정신문화연구원(현 한국학중앙연구원)에 장서각 소장 자료를 이관하고 사무소는 폐지되었다. 이후 이 건물에는 창경궁에 남아 있던 현판 등 궁중 유물을 전시하거나 박물표본실로 이용되다가 1992년에 철거되었다.

장서각

해방 이후의 창경원

제2차 세계대전 패망 한 달 전인 1945년 7월 일제는 미군의 폭격으로 맹수가 우리에서 뛰쳐나올 수 있으니 미리 죽여 없애라는 지령을 내렸고 직원들은 동물원의 사자·호랑이·곰 등 맹수들에게 독약을 섞은 먹이를 먹였습니다. 그날 밤 창경원 일대는 맹수들의 스산한 울부짖음이 밤새도록 가득했고, 동물원 직원들도 모두 함께 따라 울었다고 합니다. 동물들을 독살한 또 한 가지의 이유는 막바지에 이른 전쟁물자 궁핍으로 동물사의 철책을 뜯어내어 무기제조의 재료로 쓰기 위한 잔꾀였습니다. 해방 열흘 전인 8월 4일 일제는 동물원을 폐쇄했습니다.

1945년 해방이 되고 정부는 수립되었으나 극도로 헝클어진 모든 국내의 질서를 바로잡을 겨를도 없이 1950년 6·25전쟁의 시련으로 그나마 남은 동물들은 굶어죽거나 동사하여 한 마리도 남지 않고 죽었습니

1958년 정부 수립 10주년 고궁 개방 (출처 : 대한민국 수도 서울의 출발)

1958년 재건 초기의 홍화문 (출처: 한국동물원80년사)

다. 1·4 후퇴 때에는 창경원 직원들은 빈 동물사와 식물들만 남겨두고 피난 가야 하는 형편이었습니다. 그리고 우리는 일제가 유린한 창경원을 본래대로 궁궐로서의 모습을 회복하는 일에는 여전히 관심조차 갖지 못했습니다.

일제의 패망과 6·25전쟁을 거치며 황폐화된 창경원은 1년간의 보수 기간을 가진 뒤 재개장되었습니다. 휴전 이후 전후의 극심한 혼란과 각박한 민심에도 불구하고 온 국민의 성원으로 1954년 동식물원재건위원회를 발족하여 정부기관과 기업체 및 독지가들로부터 4만 2천 달러의 재건기금을 모으고 1955년 사자·호랑이·코끼리·백곰·물개·하마·낙타 등을 들여와서 동물원의 면모를 갖추기 시작했습니다. 그리고 또한 식물원도 야자수 등 열대식물과 100여 종의 각종 관상식물을 기증

28

받았습니다. 그렇게 재개장된 창경원은 1955년 이후에도 식을 줄 모르는 인기를 누렸습니다.

더구나 1950~1960년대 창경원에는 전각이 거의 남지 않은 상태에서 각종 놀이기구가 궁 안에 들어왔습니다. 창경원은 신기한 동물과 식물들, ✿밤벚꽃놀이, 그리고 춘당지에서의 뱃놀이로 일반 시민들이 가장 가고 싶어 하는 인기 최고의 유원지가 되었습니다. 이처럼 창경원으로

✿ **밤벚꽃놀이** : 창경원의 명물이 된 벚나무와 신종 철쭉 · 백매화 · 적매화 · 꽃창포 등도 일본에서 들여다 심었는데, 이것들은 아름답기는 하지만 우리 문화에는 걸맞지 않는다고 하여 비판도 받았다. 그러나 4월의 꽃놀이, 특히 밤벚꽃놀이는 아랑곳없이 시민들의 사랑을 받았다. 비단 벚꽃이 피는 봄철이 아니더라도 전차를 타고 종로에 내려 조선 제일 부자 박흥식이 지은 화신백화점을 둘러본 뒤 창경원을 들르는 것은 당대 최고의 서울 나들이 코스였다.

어린이날에는 창경원 입장료를 받지 않았다. 창경원 마당은 전국에서 소풍 온 많은 인파로 발 디딜 틈이 없었고, 옹기종기 모여앉아 김밥을 먹는 모습이 장관이었다. 모두 라디오 뉴스를 듣고 서울 창경원의 신기한 동물과 꽃구경을 하러 모여든 사람들이었다. 특히 꽃놀이 철이면 창경원 안에서 아이를 잃어버리고 쩔쩔매는 부모들의 미아 기사가 라디오에 보도되는 것이 일상인 시절이었다. 일제는 1935년에는 입장료를 어른 20전, 소인 10전으로 올렸다. 당시 1935년 4월 09일자 <조선중앙일보>의 기사를 보자.

"창경원 야앵은 11일(목요일)부터 약 10일간 예정으로 개원하게 되엿는데 야앵 개원 시간은 매일 오후 7시부터 동 10시 반까지이며 금년 관람료는 야간에 한하야 대인 20전 소인10전 작년의 갑절로 개정하얏다. 그리고 금년 시설은 식물원 춘당지에서 '네온싸인' 탑을 만들고 오색광선을 밝힐 모양이며 30만 촉광의 광선을 장치하고 활동사진 무용 등의 여흥도 잇스리라 한다"

일제강점기가 끝나고 나서도 6 · 25전쟁 후 1958년에는 창경원 밤벚꽃놀이를 재개했다. 관람객은 낮에 못지않게 하루 저녁에도 수만 명씩 운집했다.

불리며 시민들의 위락공간으로 전락한 창경궁은 1980년대까지 궁궐의
면모를 찾아볼 수 없었습니다.

창경궁으로 복원하다

1983년 7월부터 복원공사를 위해 일반 공개를 중단하고 창경궁으로
원래 이름을 되찾은 것은 그해 12월, 그러나 이미 궁궐이 가진 왕조의
위엄은 오래전에 사라진 상태였습니다. 아울러 정부는 1984년 동물원
을 서울대공원으로 옮기고 일부 전각들을 복원하고 원림과 연못 춘당
지 주변의 식생을 전통 조경으로 조성하였습니다. 그러나 우리가 동궐
도나 옛 자료를 통해 확인할 수 있는 창경궁의 아름다움에 비해 그 일
부만이 복원된 현재 모습은 매우 안타깝기만 합니다. 무엇보다도 쓸쓸
함을 감출 수 없는 것은 어떤 이들에게는 놀이공원으로 기억되는 창경
원과 창경궁을 아직도 혼동하고 있거나 어릴 적 가족과 함께 즐겼던 창
경원 소풍을 그리운 향수로 기억하고 있다는 사실입니다. 하기야 아무
데에서도 위로를 찾을 수 없던 어려운 시절에 그나마 벼르고 별러 도시
락 싸가지고 동물원으로 가족 나들이 소풍을 즐겼던 일반 시민들에게
야 무슨 죄가 있겠습니까. 황실의 권위를 파괴하고 궁궐을 일반 공원으
로 격하시킨 일제의 음모 따위는 시민들에게 그리 중요한 일이 아니었
습니다. 일반 백성들에게는 나라를 빼앗은 흉악한 일제와 창경원의 눈
부신 벚꽃은 완전히 별개였던 것입니다.

서울대학교병원 전망대에서 바라본 창경궁의 겨울 전경입니다.

와룡동과 원남동, 그리고 율곡로

창경궁은 서울특별시 종로구 ✿와룡동 2-1번지에 소재한 사적 제123호(1962년 7월 25일 지정)입니다. 갑자기 주소 동명을 들먹이는 이유는 사실 처음에는 '와룡(臥龍)'이라는 그 의미부터 뭔가 상서로운 느낌 때문에 알아보기 시작했는데 결과는 영 마땅치가 않군요. '와룡'은 용이 누워 있는 형상으로 처음에는 창덕궁과 창경궁을 에워싸는 응봉의 줄기가 마치 용으로 연상되어 이름 지어진 것은 아닌가 했는데, 일제강점기에 일본인들이 붙인 지명이랍니다.

그러고 보면 같은 시기에 일제가 만들어낸 원남동(苑南洞)·원서동(苑西洞)이라는 동명도 창경원의 남서쪽에 있던 지명을 가리키는 이름입니다. 이제 겨우 창경원을 창경궁으로 되찾았나 했더니 아직도 창경원의 실체는 창덕궁과 창경궁 주변에 동네 이름으로도 버젓이 남아 있습니다.

✿ **와룡동** : 서울특별시 종로1·2·3·4가동 관할 법정동이다. 대부분이 창덕궁, 창경궁, 종묘 북쪽 일부를 관할한다. 와룡동이라는 이름은 일제가 여러 동들을 합치면서 조선 국민의 반감을 줄이고자, 관할 구역의 창덕궁에 기거하는 임금을 용에 비유하고 동의 지세가 북쪽이 높고 남쪽이 낮은 것이 누워 있는 사람 같다는 데에 착안해 붙인 이름으로 원래의 지명과는 전혀 관계없이 만들어냈다. 1914년 누동, 니동, 마전동, 수문동, 승문동 각 일부를 와룡동(臥龍洞)으로 통합했다가 1936년 와룡정(臥龍町)으로 변경하고, 1943년 신설된 종로구에 배속하고 해방 후 1946년 10월 와룡동으로 변경한 것이다.

창경궁은 지금은 창덕궁 정문 돈화문에서 동쪽으로 뚫린 길 율곡로를 따라 궁궐 담장을 에돌아 한 모퉁이를 돌아가면 원남동 로터리 북쪽 서울대학교병원 맞은편에 나타납니다. 그러나 이 율곡로 역시 1920년대 후반 일제가 창덕궁·창경궁과 종묘를 갈라놓기 위하여 낸 길입니다. 옛날에는 창덕궁에서 내부로 통하지 않고 바깥 길로 창경궁으로 가자면, 돈화문을 나와 파자교(把子橋)를 건너, 좌포도청(左捕盜廳 : 현 종로3가 단성사 자리) 앞을 지나, 운종가를 따라 동쪽으로 가다가 종묘 정문 앞을 지나, 배오개(梨峴: 종로4가 교차로)에서 북쪽으로 꺾어, 지금의 창경궁로를 따라 주욱 올라가다 보면 오른편으로 ✿함춘원(含春苑)을 지나 경모궁(景慕宮)이 나오는데, 그 맞은편이 창경궁이었습니다.

서울대학교병원 내에 위치한 경모궁 정문

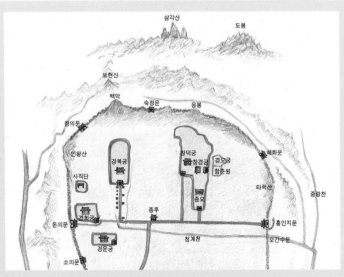

도성도에서 본 함춘원의 위치

✿ **함춘원**:《만기요람萬機要覽》에는 함춘원(含春苑)을 창경궁 홍화문 동쪽에 있는 임금의 동산이라 적고 있다. 함춘원은 왕실 후원이며 성종 15년(1484) 창경궁을 창건하면서 풍수지리설에 의해 궁궐 동편의 지세를 보강하기 위하여 나무를 심고 담을 둘러 출입을 금했던 것에서 시작되었다. 성종 24년(1493) 2월 함춘원이란 이름이 정식으로 붙여져 창덕궁의 후원에 이어 동쪽 후원으로 삼았다. 연산군 때에는 함춘원 담장 밖 민가를 철거하여 확장하고, 기묘한 화초를 심어 더욱 심원하고 엄숙하게 했으며, 담 밖에는 별정군(別定軍)을 배치하여 통행을 금하고, 대문과 함께 함춘원 북쪽에 성을 쌓았다. 이후 중종은 함춘원 북쪽 성곽을 헐고 옛날 살던 백성들을 다시 돌아와 살게 했고, 인조 때에는 함춘원의 절반을 태복시(太僕寺)에 나눠주면서 방마장(放馬場)으로 사용되었다.

영조 40년(1764)에 사도세자의 사당인 수은묘(垂恩廟)를 옮겨 지었으며, 1776년 정조가 즉위하자 수은묘를 경모궁(景慕宮)으로 고쳐 불렀고, 정조가 친히 경모궁 편액을 써 달았다. 함춘원 서쪽에 일첨(日瞻)·월근(月覲)의 두 문을 내어 창경궁과 서로 통할 수 있게 했다. 정조 9년(1785) 8월 경모궁과 사도세자의 원묘(園墓)에 대한 의식 절차를 적은 〈궁원의宮園儀〉를 완성하는 등 이 일대를 정비했다. 1899년 8월 사도세자를 장조(莊祖)로 추존하여 묘호를 올리면서 경모궁에 있던 장조의 신위를 태묘(太廟: 종묘)로 옮기자 경모궁은 그 기능을 잃었다. 경모궁 내에 있던 망묘루(望廟樓)는 장조의 생모 영빈 이씨의 사당인 선희궁(宣禧宮) 경내로 옮기고 평락정(平樂亭)이라 했다. 그리고 망묘루에 있던 정조·순조·익종·헌종·철종의 어진(御眞)을 옮겨 봉안했으며, 경모궁도 경모전(景慕殿)으로 고치고 1900년 경모궁 터에 태조·세조·성종·숙종·영조·순조의 6성조 어진을 봉안하는 영희전(永禧殿)을 옮겨 세웠다.

지금은 창경궁로에서 서울대학교병원(뒤편)과 마주하는 자리에 창경궁의 정문 홍화문이 있습니다. 창경궁 가는 길은 버스를 타고 창경궁 앞 정류장에서 하차할 수도 있고 지하철을 이용할 경우 4호선 혜화역에서 하차한 후 서울대학병원을 거쳐 약 10분 정도 걸어가면 창경궁이 나옵니다. 혹 지하철 4호선 1번 출구로 나와서 서울대학교병원을 거쳐 창경궁으로 건너 올 경우에는 경모궁 터를 관람하면서 올 수 있어서 다리품을 줄일 수 있지요. 창경궁을 보기 전에 경모궁을 둘러보자는 이유는 어차피 창경궁에서 경모궁의 주인 사도세자와 그 아드님 정조를 창경궁에서 만나기 때문입니다.

　　서울대학교병원 내 간호대학 앞쪽에 있는 경모궁지는 현재 유적 발굴 조사를 끝내고 정비를 해놓아 경모궁 정문과 기단을 이루는 계단만이 남아 있는 상황입니다. 지금 서울대학교병원이 있는 곳은 원래 왕실 정원이었던 함춘원이 있던 자리로 창경궁보다 지세가 높아서 창경궁을 전체적으로 조망하기에 좋습니다. 창경궁 동북쪽 모서리 바깥에 과학관이 건립되고 옛 함춘원으로 이어지던 원유의 산자락이 도로에 끊겼습니다.

경모궁 현판

2
작은 동궐에 들어서다

홍화문 밖에서 매화 핀 옥천교와 명정문을 살며시 들여다봅니다.

창경궁의 문

　조선시대 다른 궁궐의 전각들이 남향으로 지어진 것과 달리 창경궁은 동쪽을 바라보고 있습니다. 이는 창경궁이 응봉(鷹峯) 자락을 따라 창덕궁과 연결되어 있는 궁궐로 산줄기가 궁궐의 안에까지 뻗쳐 있어 평평한 넓은 공간을 지니지 못했기 때문입니다. 북쪽으로는 혜화동길에, 남쪽으로는 원남동 로터리에 맞닿아 있는 창경궁의 정문인 홍화문과 정전인 명정전은 동쪽을 보고 있고, 궐내각사와 내전의 주요 전각들은 남쪽을 향해 있습니다.

　따라서 창경궁은 창덕궁과 마찬가지로 경복궁(景福宮)의 공간구조에서 나타나는 반듯한 축에 의해 설계되지는 않았으며 변화가 많은 구조입니다. 창경궁은 산자락의 풍광을 이용하여 창덕궁과 연계되어 있는 후원을 지녔고, 왕실 생활공간의 확장으로 내전 영역이 발달한 구조를 보여주는 아담하고 아름다운 궁궐입니다. 사실 창경궁이 갖는 역사적인 무게감이 다른 궁궐에 비해 크게 무거운 곳은 아닙니다. 그러나 이 작은 궁궐에서 많은 사람들이 살았고 그들이 만들어내는 이야기는 다른 궁궐의 무게와는 또 다른 색깔의 역사를 엮어내고 있습니다. 아마도 당신은 다른 궁궐에서는 맛볼 수 없던, 정답고 편안한 분위기와 함께 창경궁만의 특별한 아름다움을 느낄 수 있을 것입니다.

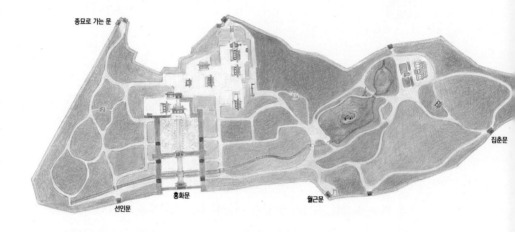

종묘로 가는 문

집춘문

선인문

홍화문

월근문

창경궁의 궁문 위치

　동궐 창덕궁과 창경궁은 남쪽 구릉을 따라 종묘에 접해 있고, 북쪽에는 응봉의 산자락을 끌어들인 후원이 있습니다. 창경궁의 동북쪽에는 문묘(文廟)가, 홍화문(弘化門) 건너 동쪽 언덕에는 사도세자의 사당인 경모궁(景慕宮)이 가까이 있습니다. 이러한 지형과 주변 여건에 따라 창경궁의 북쪽에는 큰 문이 없으며, 문묘 쪽의 담장에는 집춘문(集春門)을 두었습니다. 그리고 홍화문 위쪽으로 사도세자의 사당인 경모궁으로의 출입을 위해 월근문(月覲門)을 내고, 남쪽에 종묘로 통하는 출입문이 있습니다. 창덕궁의 출입문이 서남쪽과 서쪽에 치우쳐 있어 왕들은 종묘·문묘·경모궁으로 갈 때에 창경궁을 거쳐 나갔으며, 이외에도 동선의 편의에 따라 홍화문 남쪽에 있는 선인문(宣仁門)을 이용했습니다.

창경궁의 정문은 홍화문(弘化門)입니다. '홍화(弘化)'는 '조화를 넓힌
다'는 뜻입니다. 다른 궁궐의 정문이 남향인데 홍화문은 지세에 맞춰
동향으로 앉았습니다. 다른 궁궐과 달리 아담하고 소박한 창경궁의 정
문 홍화문은 그 규모가 3칸 대문이지만 문의 좌우에 한 쌍의 십자각을
세워 궁궐 대문으로서의 격식을 갖추고 있습니다. 홍화문은 임진왜란
때 불 탄 뒤 광해군 8년(1616)에 복원되어 궁궐의 정문 중 가장 오래된
것입니다.

홍화문

홍화문 지붕의 잡상

홍화문 단청

홍화문 남십자각

　홍화문 앞으로는 길을 사이에 두고 바로 언덕이 경사지게 이어져서 왕실 언덕인 함춘원(含春苑)이 있었는데, 현재 서울대학교병원이 있는 자리입니다. 함춘원에 활터를 세워 무과 시험을 치르기도 했습니다.

　홍화문을 나서자(出弘化門卽事)

가마가 궁문을 나서니 날은 저문데
향 연기 피어올라 아지랑이에 머물렀구나.
탁 트인 거리에 남녀들 많아 무리지어 있는 것 같은데
건듯건듯 봄바람이 얼굴을 스치며 불어오누나.

《궁궐지》에 실려 있는 숙종이 지은 시입니다. 홍화문 밖은 왕이 굶주린 백성들에게 쌀을 나누어주기도 하고 함께 만나던, 백성들과 가장 가까이 있던 곳이라고 할 수 있습니다. 영조는 균역법(均役法)을 실시할 때 홍화문에서 백성들의 의견을 묻고 들어서 백성들과의 의사소통을 시도했습니다. 정조 또한 1795년 어머니 혜경궁 홍씨의 회갑을 기념하여 홍화문에 친히 나아가 가난한 백성들에게 쌀을 나누어주었는데, 이러한 사실이 《원행을묘정리의궤園幸乙卯整理儀軌》 중 〈홍화문사미도弘化門賜米圖〉에 그려져 있습니다.

● 영조 25년(1749) 8월 15일 1번째 기사
임금이 홍화문의 누(樓)에 나아가 왕세자를 거느리고 사민(四民)에게 진휼(施恤: 배고픈 백성을 구제함)을 시행했다. 파리한 늙은이를 보면 부지(扶持)하여 오가게 하고 전대가 없는 것을 보면 빈 섬을 나누어 주게 했으며, 떠돌이로 걸식하는 자를 보고 말하기를, "비록 사민 밖의 사람이라 하더라도 동일한 나의 백성이다"하고, 창관으로 하여금 쌀을 주게 하였다. 이어 하교하기를, "나의 부덕으로 열조(列祖)의 부탁을 받고 임어(臨御)한 지 2기(二紀)가 되었는데, 한 가지 정사도 백성에게 혜택을 주지 못하여 부탁을 저버리고 백성을 등졌으니, 먹는 것이 어찌 달며 잠을 잔들 어찌 편하겠느냐? 이에 석년(昔年)의 명에 따르고 문왕(文王)의 시인(施仁)을 몸소 본받아 행하고자 문루에 나아가 진휼을 시행하고 원량(元良)으로 하여금 시좌(侍坐)케 하였다.

● 정조 19년(1795) 6월 15일 1번째 기사
하교하였다. "경사스러운 탄신일이 얼마 남지 않은 이때에 경축하는 정성을 드러내 보이고 싶은데, 이 경사를 함께 나누는 것보다 더 나은 것이 어디에 있겠는가. 더구나 화성(華城) 백성들에게 이미 행하였으니 서울에서 그런 일을 행하지 않는다면 어찌 되겠는가. 18일 자궁(혜경궁 홍씨)께 음식상을 차려 올리는 예식을 마친 뒤에 홍화문에 가서 굶주린 백성들에게 미곡을 나누어 주어야 하겠다. 이번에 뽑힌 민호 가운데 가장 빈한한 가호를, 선혜청 도제거와 삼공(三公)이 각방(各坊)의 존위를 엄히 신칙하여 진휼청에 뽑아 보고하게 한 다음, 진휼청 당상관과 경조윤이 데리고 와서 명령을 기다리도록 하라."

弘化門賜米圖

《원행을묘정리의궤》 중 〈홍화문사미도〉

선인문은 창경궁 동쪽 궁장의 문으로 홍화문의 남쪽에 있습니다. 《한경지략》에는 "《문헌비고》에 보면 이 문의 옛 이름은 서린문(瑞麟門)인데, 뒤에 선인문으로 고쳤다"라고 했습니다. 선인문은 왕세자가 머무는 동궁의 정문이었으며, 관원들이 궐내각사에 출입할 때 주로 이 문을 사용했습니다. 창경궁의 정문 홍화문은 왕이 창경궁에 거둥할 때나 어떤 행사가 있을 때를 제외하고는 거의 닫아두었던 데 비해 선인

선인문

선인문 안쪽의 회화나무

문은 늘 열려 있어서 가장 분주하게 사용했던 문입니다. 연산군 12년
(1506) 중종반정으로 연산군이 퇴위당해 물러날 때 이 문으로 쫓겨났고,
경종 1년(1721) 소론 대신 조태구가 선인문을 통해 들어와 왕세제 연잉
군의 대리청정을 지지하는 노론 대신들을 탄핵함으로써 신임환국(辛
壬換局)이 일어나 이듬해 노론 4대신이 죽임을 당하기도 했습니다.

또한 영조의 아들 사도세자가 뒤주에 갇혀 죽은 곳도 선인문 안마
당입니다. 선인문 안쪽으로 옥천교에서 이어지는 냇물이 흐르고 그 옆

에 오래된 회화나무 한 그루가 있습니다. 사도세자의 죽음이 아주 먼 역사가 되어버렸고, 그때의 사람들도 모두 죽고 없는 지금, 이 한 그루 고목만이 그 비극의 현장을 고스란히 기억하고 있겠지요. 그리고 이곳 물가에는 유독 버드나무가 무성해서 아마도 성종 때 두 분 대비(소혜왕후와 안순왕후)를 위해 창경궁을 짓고 밖에서 함부로 보이지 않도록 빨리 자라는 버드나무를 심어 가릴 것을 배려했던 성종의 효심을 다시 생각하게 합니다. 물론 지금 우리가 보는 버드나무는 그때 심어진 것은 아닐 테고, 또 일제강점기도 지난 훨씬 후대에 심어진 것이기는 하겠지만 성종 때의 창경궁에 버드나무가 심어진 유래를 〈동궐도〉에서도 확인할 수 있습니다.

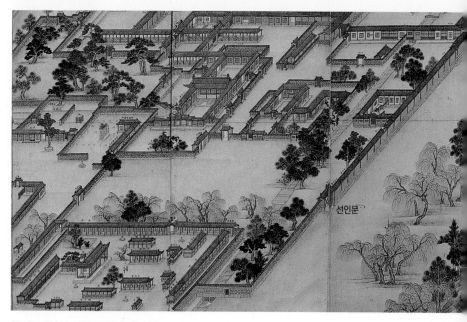

〈동궐도〉에서 본 선인문 안쪽의 버드나무

월근문

홍화문 북쪽으로 창덕궁관리소 옆에 작은 동문 월근문이 있습니다. 월근문은 정조가 함춘원 언덕(현재 서울대학교병원)에 있는 아버지의 사당인 경모궁에 갈 때 홍화문을 거치지 않고 편히 드나들기 위해 만든 문입니다. 문 이름 '월근(月覲)'은 '매달 뵙는다'는 뜻으로 정조가 매달 초하루에 경모궁에 참배하러 갈 때 사용한 문입니다. 정조는 월근문을 세우며 '이 문을 거쳐서 혹 한 달에 한 번 배례(拜禮)하거나 한 달에 걸러 배례하여 어린아이가 어버이를 그리워하는 것 같은 내 슬픔을 펼 것이다'라고 아버지를 그리워하는 속마음을 드러냈습니다.

월근문

월근문에서 북쪽으로 창경궁의 동북쪽 궁장에 집춘문(集春門)이 있습
니다. 원래는 월근문을 지나 북쪽으로 궁장이 이어져 집춘문에 이르게
되어 있었으나 지금은 월근문 안쪽에 창경궁 관리소가 있어서 춘당지
를 지나 관덕정 뒤편의 숲길을 따라 가서야 집춘문을 만날 수 있습니
다. 예전에 집춘문 앞에 서면 성균관 전체가 한눈에 들어왔다고 합니다.
성균관은 왕세자도 공부를 위해 다섯 살이 되면 성균관 입학례를 치렀

집춘문

던 조선시대 최고의 교육기관으로 지금의 대학에 해당합니다. 성균관에는 공자와 안자·증자·자사·맹자의 4성, 그리고 10대 제자의 위패를 모신 대성전과 대성전의 좌우로 유교의 성현들의 위패를 모셨던 동무(東廡)와 서무(西廡)로 이루어진 제향 공간인 문묘가 있었습니다. 그리고 그 뒤편에 스승을 모시고 공부하는 명륜당과 성균관 학생들의 기숙사인 동재와 서재가 있는 강학(講學) 공간이 있었습니다.

《동국여지비고》에 의하면, 집춘문은 후원의 동문이며 태학, 즉 성균관의 서쪽 반교(泮橋: 성균관 앞을 흐르던 반수(泮水) 위에 놓인 다리)와 가장 가까워 역대 임금들이 태학으로 행차할 때는 이 문을 이용했다고 합니다. 정조는 궁궐에서 과거시험을 시행하기 전에 집춘문으로 나아가 대성전에서 술을 올리고, 다시 이 문으로 들어와 부용지의 영화당 앞 춘당대에서 문무과 시험을 행하였습니다. 지금은 집춘문 바깥이 바로 주택가로 이어져 출입문의 기능을 상실했습니다. 2008년 한때 집춘문을 열어 문묘로 가는 왕의 거동 길을 재현했으나, 높은 계단과 좁은 주택가 골목으로 유명무실해져서 현재는 사용하지 않고 있습니다.

● 숙종 45년(1719) 9월 5일 4번째 기사
예조에서 말하기를, "세자께서 문묘(文廟)에 배알하여 헌작(獻酌)하신 후 마땅히 집춘문을 경유하여 춘당대(春塘臺)에 나아가시고 환궁하실 때에는 마땅히 흥화문 동쪽 협문을 경유하셔야 합니다" 하니, 세자가 옳게 여겼다.

종묘로 가는 작은 문

원래 창덕궁·창경궁·종묘(宗廟)는 담장만으로 구분된 하나의 영역입니다. 예전에는 창덕궁의 동궁 영역이 끝나는 지점에 동궐과 종묘를 연결하는 문이 있었습니다. 처음 종묘 북쪽 담장에 문을 설치한 것은 태종 때인데 효종 때 이후로는 이 문을 사용하지 않았습니다. 이후 영조 때 종묘 북쪽 담과 궁성(宮城) 남쪽 담이 서로 닿은 곳에 문 하나를 창건하고 초하루·보름마다 소여(小輿: 가마)를 타고 위사(衛士) 없이 가서

종묘로 통하는 창덕궁과 창경궁의 남쪽 문

전배례(展拜禮)를 행하였습니다. 그리고 정조 때에 다시 문을 고쳐 세우고 초하루·보름에 지내는 제사인 삭망제(朔望祭)와 왕비·세자빈·세손빈이 종묘에 계신 선조들께 인사를 드리는 묘현례(廟見禮) 때 사용하였습니다. 그러나 이 문은 일제강점기에 동궐과 종묘 사이에 율곡로를 내면서 없어지고 두 곳을 연결하는 육교가 도로 위에 설치되었습니다. 정확하게 말하자면 동궐의 남쪽과 종묘의 북쪽을 잇는 능선을 파헤치고 창덕궁과 창경궁의 남쪽 궁장과 종묘 영녕전 북쪽 담장 바깥을 가로지르는 도로가 개설 된 것입니다. 그리고 육교 입구에는 창경궁 쪽에서 종묘로 출입할 수 있는 작은 문을 세웠습니다. 창덕궁 쪽에서는 그 문과 인접한 지점에 역시 문 하나를 내어 창덕궁에서도 창경궁 남쪽을 통과하여 바로 종묘로 갈 수 있도록 해놓았습니다. 즉 종묘를 잇는 육교 입구의 작은 문은 한동안은 창경궁과 종묘를 오가는 관람객들이 이용했지만, 원래 이 육교는 순종이 창덕궁에서 종묘 쪽으로 쉽게 건너갈 수 있도록 배려하는 차원에서 건설된 것이었습니다.

그러나 이 문제는 도로 개설로 인한 편리함보다는 더 근본적인 이념적 문제를 내포하고 있었는데, 다름 아닌 조선 왕조의 근본이라 할 수 있는 종묘의 북쪽으로 흐르는 지맥을 차단하는 행위였던 것입니다. 조선 왕조의 허리와 지맥을 끊었다는 논란과 비난이 그치질 않았던 길 하나가 1931년 봄 그렇게 완공되었습니다. 하지만 율곡로는 비록 식민통치자들이 내었으나, 해방 이후에도 그네들이 애당초 의도했던 그대로 우리는 그 길을 '간선도로'의 하나로 줄곧 잘 활용해왔습니다. 현재 율곡로 위에 놓인 육교를 철거하고 창경궁과 종묘의 능선을 복구하는 공사가 한창 진행 중입니다.

3 옥천교를 건너다

매화와 살구꽃이 눈부신 옥천교의 봄

홍화문을 들어서면 작은 돌다리 건너편으로 명정문을 통해 창경궁의 정전인 명정전이 가까이 보입니다. 그리고 남북으로 명당수가 흐르는 옥천교(玉川橋)가 눈에 띕니다.

옥천교는 창경궁의 금천교(禁川橋)입니다. 동궐도에 나타나는 이 물길은 창덕궁 후원 존덕정 주위의 지하수가 창경궁 춘당지 동쪽의 계류를 지나 명정문 앞 명당수가 되고 계속 남쪽으로 흘러 청계천으로 합류하던 물길입니다.

옥천교

옥천교가 만들어진 시기는 창경궁이 건립될 즈음 조선 성종 14년 (1483)으로 추정됩니다. 창경궁은 임진왜란과 이괄의 난에 의한 화재로 불타고 그때마다 재건을 한 후에 또 다시 몇 차례의 화재를 겪었습니다. 그리고 순조 30년(1830)의 대화재 때는 환경전·경춘전·숭문당까지 소실되었는데, 명정전과 명정문·홍화문 등 옥천교 부근 영역은 다행히 소실되지 않았습니다. 이때의 중건 공사를 담은 1834년의《창경궁영건도감 의궤》에 옥천교 중건 기록이 없는 것으로 보아 옥천교가 무사했던 것으로 보입니다. 일제강점기인 창경원 시절에도 정전 영역을 보존하면서 옥천교도 잘 보존되었기 때문에 지금의 옥천교는 초창기의 모습을 잘 유지하고 있습니다.

남행각의 단청

옥천교에서 바라본 명정전 행각

옥천교의 여름

500년 넘는 세월에도 여전히 맑은 옥천교의 물길입니다.

옥천교 난간 장식과 나티

옥천교의 물길을 지키는 서수

　옥천교는 2개의 홍예(虹霓)를 틀어 장대석으로 다리 상판을 놓고 삼
도로 구분하고 있는데, 가운데 길은 어가(御街) 행렬이 지날 수 있도록
폭을 넓게 했습니다. 그리고 홍예와 홍예 사이에 나티를 조각해서 물
길을 타고 궁궐에 진입하려는 사악한 기운을 경계하고 있습니다. 아주
실감나는 험상궂은 표정으로 물길을 응시하고 있는 모양새가 창덕궁
금천교의 나티처럼 제법 위엄 있어 보이는군요.

옥천교 홍예 사이에 조각된 나티

가운데 길은 어가 행렬을 위한 어도

　홍예 위에 놓인 상판의 양쪽으로 난간을 둘렀는데 풍혈을 뚫어 장식을 하고 있습니다. 그리고 옥천교 난간의 엄지기둥에도 서수(瑞獸: 상서로운 동물)를 조각해 놓았는데, 그 동물들은 사열하듯 대칭으로 마주 보고있는 게 아니라 약간씩의 비대칭으로 변화감을 주어 더욱 생생한 표정을 짓고 있습니다. 대체로 돌다리의 규모도 그렇고 창덕궁의 금천교 조각처럼 한껏 공을 들인 것 같지는 않은데 아무래도 이곳 옥천교에는 뭔가 다른 특별한 게 있는 듯합니다.

옥천교 엄지기둥의 동물상

500년을 흐르는 물길에 매화꽃잎 떨어지고

　　창경궁의 백미는 무엇보다도 옥천교 아래 흐르는 물길로 모든 궁궐의 명당수 중 가장 아름다운 풍경을 보여주고 있습니다. 네, 단언컨대 옥천교의 이름 그대로 시처럼 아름다운 개울 풍경은 보는 이의 탄성을 자아내기에 모자람이 없습니다. 경복궁의 영제교(永濟橋)나 창덕궁의 금천교(錦川橋)는 다리 아래 물길이 끊어진 지 오래되어 그 자연스러운 흐름을 잃은 데 반해, 옥천교의 물길은 이 다리가 세워진 이래 500년 넘

홍화문 2층에서 바라본 명정문

도록 아직도 맑은 냇물의 속살거리는 노랫소리를 들을 수 있습니다. 옥천교 개울 양쪽의 매화와 살구나무는 봄마다 눈부신 풍경을 그려내고 한여름 장마철 많은 비에 불어난 물길의 힘찬 물소리는 가슴을 울릴 만큼 시원합니다. 이 물길에 계절마다 드리우는 아름다움은 이보다 아름다울 수 없다는 감탄을 연발하게 합니다.

원래 궁궐의 정문에서 정전에 이르는 동선은 삼문삼조(三門三朝)의 기본적인 배치 구조로 문을 세 개 거치는 것이 일반적이지만, 창경궁은 홍화문에서 옥천교를 거쳐 바로 명정문을 통해 정전으로 들어가게 되

어 있어 문 하나가 생략된 구조입니다. 정문 홍화문을 들어서서 중간 문이 없이 명정문(明政門)에서 명정전에 이르는 동선은 다른 궁궐의 삼 문 구조에 비해 짧아서 궁궐 외전(外殿)의 격이 떨어지는 듯합니다. 그리 고 옥천교에 서서 명정전을 바라보면 명정문과의 축이 남쪽으로 약 1.2 미터 벗어나 있습니다. 명정전의 좌향을 지세의 흐름에 따라 앉혔기 때 문에 정문인 명정문의 중심과 축이 일치하지 않고 있습니다. 그러나 홍 화문에서 옥천교를 거쳐 명정문에 이르는 길은 조선의 궁궐 중 가장 오 래되고 가장 아름다운 동선입니다.

4
명정전, 기품 있는 정전

명정전은 소박하지만 기품 있는 멋을 보여주는 정전입니다.

오래된 정전, 명정전

'명정(明政)'이란 '정사를 밝게 한다'는 의미입니다. 명정전(明政殿)은 창경궁의 법전으로 정문인 홍화문을 따라 동향으로 앉았습니다. 성종 15년 창건되었다가 1592년 임진왜란으로 불 탄 것을 광해군 8년(1616)에 재건하여 현존하는 조선시대 궁궐의 전각 중 가장 오래된 건물입니다. 명정전은 다른 궁궐의 정전 건물이 대부분 중층 지붕으로 지어진 것과 는 달리 단층입니다. 성종 시기에 창경궁을 창건했을 때 서거정이 왕명

명정전

명정전의 행각과 박석

을 받들어 여러 전각의 이름을 지어 올렸습니다.

　명정전을 두르고 있는 행각은 건물 뒤편의 서쪽을 제외한 동·남·
북 세 방향에만 있는데, 문의 좌우에 연결된 동행각을 명정문에 맞추어
배치했기 때문에 행각으로 둘러싸인 명정전 앞뜰은 반듯한 사각형이
아니라 약간 기울어진 모습을 하고 있습니다. 명정전의 뒤쪽 터가 높게
경사져서 월대도 건물 앞쪽으로만 경사지에 맞추어 조성하였고, 뒤편
은 익랑(翼廊)이 바투 붙어 있어 궁궐 정전으로서의 규모뿐만 아니라 격

명정전 동쪽 행각

식에서 옹색한 느낌이 듭니다. 이렇듯 경복궁의 근정전이나 창덕궁의 인정전이 격식을 갖춘 월대 위에 중층 지붕의 위용을 보여주는 엄격함에 비해 명정전은 다소 소박하고 친근한 느낌을 주는 건물입니다.

조정에는 박석을 깔고 품계석을 세워 이곳에서 여러 가지 의례를 치를 수 있도록 하였습니다. 왕은 주로 창덕궁에 기거했으므로 명정전은 왕의 정식 공무 공간으로 사용되기보다는 왕실 생활공간으로서의 다양한 의례가 행해졌던 것을 짐작할 수 있습니다. 임금이 백관을 거느리고 새해 정초나 동짓날 망궐례를 하고 조하를 받았으며, 이곳 명정전에서 인종이 면복을 갖추어 즉위하고 하례를 받았습니다.

● 인종 즉위년(1544) 11월 20일 7번째 기사

창경궁에서 즉위하여 명정전 첨하에서 여러 신하들의 하례를 받았다. 종친 및 문무백관들은 모두 명정전의 동서쪽 뜰로 나아가고 통례가 태화문 밖에 나아가 나오시기를 청하였다. 시각은 이미 참참하여 촛불을 밝히고 나오는데 태복(太僕)이 승여(乘輿)를 올렸으나 상이 물리치고는 타지 않고 간신히 걸어서 어좌(御座)의 옆에 이르러 차마 앉지 못하고 오랫동안 국궁(鞠躬)하고 서 있었다. 승지가 앞으로 나아가 아뢰기를, "자리에 오르신 뒤에라야 여러 신하들이 하례를 올릴 수 있습니다. 지금 자리에 오르지 않으시니 예식이 이루어지기 어렵습니다" 하니, 상이 이에 억지로 자리에 올라앉았으나 오히려 불안한 자세였고 너무 애통하여 눈물이 비 오듯이 떨어지자 좌우의 뜰에 있던 여러 신하들도 오열하며 눈물을 흘리지 않는 사람이 없었다. 예식이 끝나자 상이 또 걸어서 여차에 들어가 면복(冕服)을 벗고 도로 상복을 입었다.

명정전 회랑 위로 날아가는 새떼들은 고즈넉한 창경궁의 분위기를 깨우고 있습니다.

명정전 월대

　그런데 이렇듯 조촐한 분위기의 명정전 월대를 오르는 계단의 조각 장식만큼은 상당한 미감을 보여주고 있습니다. 계단 중앙의 답도에는 봉황이 조각되어 있고, 디딤돌 전면(前面)에는 당초 문양을 조각해 놓았는데, 그 세부 묘사가 뛰어나고 특히 넝쿨 선의 구성이 매우 아름답습니다. 또한 답도 양편의 석수 조각의 부드러운 표정이 창경궁의 아늑한 분위기나 색조와 어우러져 감탄을 자아내고 있습니다. 소맷돌의 면석

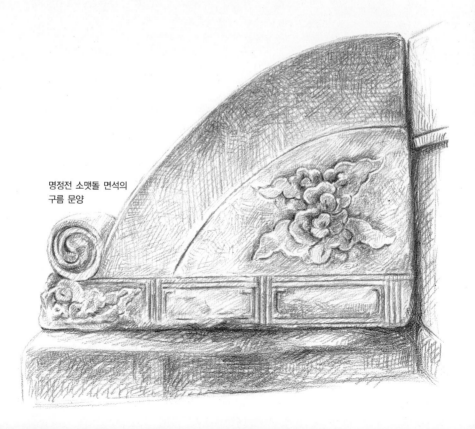

명정전 소맷돌 면석의
구름 문양

석수 조각

답도의 봉황

부드러운 표정의 석수 조각

에 새겨진 간단하면서도 매력적인 구름 문양은 월대에 또 다른 의미를 부여하곤 하는데, 봉황이 노니는 천상의 구름 위에 월대가 있으니, 이곳에서 성군이 펼치는 태평성대를 기다렸을 것으로 생각됩니다.

월대에 올라 명정전을 살펴보면 명정전 정면 양끝 협칸의 벽면 아랫부분을 전벽돌로 마감한 것이 특이하게 보입니다. 그리고 그 벽돌 단을 머름 삼아 위로 창문을 내어 단 점이 다른 궁궐의 정전에서는 볼 수 없는 방식이군요. 명정전의 꽃살창도 나뭇결을 그대로 드러낸 채 소박하지만 전체적인 구성이 매우 아름답습니다.

명정전 월대 계단의 봉황과 당초 무늬

명정전에서 문정전으로 가는 길목에서 바라본 월대 위의 드므입니다.

명정전 문창살

창호 아래를 전돌로 쌓은 벽체

나뭇결을 그대로 드러낸 명정전의 아름다운 꽃살창

명정전 내부

명정전 내부는 조금 어두운 편입니다. 동향으로 위치해 있는 까닭이 겠지요. 안쪽을 들여다보면 바닥은 전돌을 깔았고, 천장 한가운데의 소란(小欄) 반자에는 구름 속을 날고 있는 금박 올린 봉황을 설치했습니다. 그리고 어탑 위에는 닫집을 설치하여 장엄을 나타내고, 용상 뒤에 태극과 우주만물을 상징하는 일월오봉병을 두르고 있습니다.

명정전의 단청은 새로 수리를 하지 않은 채 유지되고 있어 단청의 고색이 은은하게 나타나 그 분위기가 사뭇 부드럽습니다. 경복궁이나 창덕궁에서 느끼는 강한 위엄보다 창경궁에서 훨씬 편안한 느낌을 갖는 이유가 오래된 단청의 부드러움 때문일 수도 있겠다는 생각이 듭니다. 이러한 저의 생각은 새로 단청 보수를 한 홍화문을 볼 때 드는 생경한 낯선 느낌에서 더 분명해지는 듯합니다. 홍화문의 단청이 편안하게 보이려면 우리는 한동안 기다려야 할 것 같습니다.

소란반자의 봉황

5

명정전 뒤편으로 돌아가다

익랑과 천랑

명정전 뒤편으로 숭문당(崇文堂)이 있고, 숭문당 옆 빈양문(賓陽門)으로 들어서면 창경궁의 내전 영역이 시작됩니다. 명정전 뒤편에는 좁은 공간을 확장하는 익랑(翼廊)과 빈양문으로 이어지는 천랑(穿廊)을 달고 있습니다. 사실 이 좁은 익랑의 쓰임새는 명정전 뒤편을 조금 옹색하게 만들고 있습니다.

명정전 뒤편으로 좁은 공간을 확장한 익랑

명정전 뒤편에서 빈양문으로 연결된 천랑

　　그러나 이 익랑과 함께 문정전과 빈양문으로 이어지는 두 개의 천랑
이 서로 어울려서 만들어내는 복도각의 구조는 이 좁은 장소를 창경궁
에서 가장 매력적인 공간으로 느끼게 합니다. 명정전 뒤편의 전각과 여
러 겹의 복도각에 따른 지붕선의 조화는 다른 궁궐에서도 찾아보기 어
려운 빼어난 아름다움입니다.

❖ 궁궐 행각의 용어 구분

건물과 건물을 연결하거나 감싸고 있는 좁고 긴 구조물을 낭(廊)이라 한다.

• **회랑(回廊)**: 주로 궁궐에서 주 건물을 가운데 두고 사방으로 빙 두르고 있는 낭의 형태를 말한다.

• **천랑(穿廊)**: 건물의 앞뒤 중앙에서 빠져나온 구조물로 현재 창경궁 명정전 뒤편에서 빈양문을 잇는 천랑과 창덕궁 선정전 정면에서 선정문으로 연결되는 천랑이 남아 있다.

• **행각(行閣)**: 측면이 넓어서 주로 기거용으로 쓰였던 공간으로 근정전이나 인정전·명정전 등의 행각은 가운데 기둥이 하나 더 있는 두 칸짜리 복랑의 형태다.

• **행랑(行廊)**: 살림집에서 마당 앞쪽에 좁고 긴 건물을 두고 중문이나 하인방·창고 등을 들였던 건물로 독립된 공간으로 광을 두어 어떠한 목적으로 사용할 때 행랑이라 한다.

• **복도각**: 바닥에 마루를 깔아서 건물과 건물을 연결하는 통로로 창덕궁 낙선재 뒤편이나 운현궁의 복도각이 있고, 내부에서 이동하는 통로로 사용하는 경우로는 창덕궁의 대조전과 경훈각을 잇는 복도각과 대조전과 희정당을 양 측면으로 연결하는 복도각이 있다.

• **익랑(翼廊)**: 건물의 측면이나 뒤편에 돌출되게 잇대어 붙인 행각을 익랑이라 한다. 종묘 정전이나 영녕전, 창경궁 명정전 뒤편의 익랑이 있다.

명정전 뒤편 익랑과 빈양문으로 연결되는 천랑이 만나는 공간

문정전(文政殿)은 왕이 평시에 정사를 살피던 창경궁의 편전(便殿)으로 명정전의 남쪽에 바로 붙어서 남향하고 있습니다. 광해군 때 재건되었는데 일제 때 헐렸다가 1986년 재건되었습니다. 기둥이 사각기둥으로 전각의 품격에서 한 단계 낮은 모양입니다.

문정전 정면 남쪽 마당에 예전에 행각이 있던 흔적으로 주춧돌이 남아 있습니다. 그리고 〈동궐도〉에 보이는 문정전의 천랑은 건물 정면에

문정전

문정전과 남쪽 마당의 행각 주춧돌 흔적

이어지는 행각으로 문정전이 나랏일을 돌보던 편전이었지만, 돌아가신 왕이나 왕비의 신주를 모시고 삼년상을 지내는 혼전으로도 쓰인 것을 말해줍니다. 문정전을 혼전으로 사용하는 경우에는 혼전의 이름을 별도로 정하였습니다.

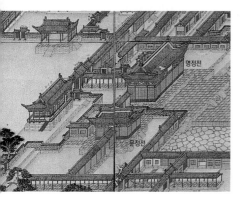

〈동궐도〉에서 보이는 문정전 천랑

왕실의 장례는 왕이 승하하고 삼년상이 끝나면 종묘에 신주를 모시지만, 왕비가 먼저 돌아가신 경우에는 왕의 삼년상이 끝날 때까지 왕비의 신주는 궁궐의 혼전에 머물렀습니다. 영조 33년(1757) 2월 세상을 떠난 영조의 첫 왕비인 정성왕후의 신주를 모신 혼전으로 문정전을 사용하였으며, 이때 혼전의 이름은 휘령전(徽寧殿)으로 불렀습니다.

영빈 이씨에게서 태어난 사도세자는 전례에 따라 정성왕후의 아들로 입적되었습니다. 실록에는 "정성왕후를 산릉에 장사지내고 신주를 모시고 휘령전으로 돌아오는데, 사도세자가 도성 밖에 나아가 이를 맞이하였다. 멀리서 오는 신여를 바라보고 꿇어 앉아 곡을 하는데 이때 잠시 흘린 눈물이 자리에 가득하여 흐를 정도에 이르러 둘러서서 보던 신민(臣民: 신하와 백성)들이 감동하여 울먹이지 않는 이가 없었다"고 써져 있습니다. 자신을 따뜻하게 감싸주었던 모후의 승하는 사도세자에게 큰 슬픔이 아닐 수 없었겠지요.

● 영조 33년(1757) 6월 4일 4번째 기사
왕세자가 반우(返虞) 행렬을 교영(郊迎)했을 적에 멀리에서 신여(神轝)를 바라보며 부복(俯伏)하여 곡(哭)하였는데, 잠시 흘린 눈물이 자리에 가득하여 흐를 정도에 이르렀으므로, 둘러서서 보던 신민들이 감동하여 울먹이지 않은 이가 없었다. 삼경(三更)에 신위(神位)를 휘령전에 봉안하였는데, 왕세자가 최복(衰服)을 갖추고 초우제(初虞祭)를 행하였다.

그리고 이곳 문정전에서 사도세자를 죽음으로 이끈 임오화변의 비극이 시작되었습니다. 결국 사도세자는 선인문 안쪽 마당에서 뒤주에 갇혀 죽음에 이르는 사건을 맞게 됩니다.

문정전의 월대

94

문정전 내부 어좌와 닫집입니다.

문정전과 숭문당 지붕 사이로 명정전 뒤편의 익랑과 천랑이 보입니다.

숭문당(崇文堂)은 성종 연간에는 없었으나 광해군 때 처음 건립되었습니다. '숭문(崇文)'은 문치(文治)를 숭상하는 의미로 학문을 숭상한다는 뜻입니다. 영조는 이곳에서 성균관 유생들을 접견했고 시험이나 주연을 베풀었습니다. 숭문당 현판은 영조의 친필입니다.

공포는 초익공(初翼工) 양식으로 선비들의 거처에 어울리는 조촐하고 단아한 분위기가 고풍스럽습니다. 숭문당은 지세에 맞춰 앞면은 받침

숭문당

돌이 높고 뒷면은 낮게 하여 한 건물에 지형의 고저를 절충한 건축 기법을 보여주고 있습니다.

● 영조 18년 11월 13일 2번째 기사

임금이 태학(太學)의 재임(齋任)을 숭문당(崇文堂)에서 불러 보고 하교하기를, "이 당(堂)은 곧 선조 때 지은 것으로 '숭문(崇文)'이라 편액한 것은 '숭유(崇儒)'의 뜻이며, 이 당에서 너희들을 소견하였으니 내 뜻이 우연한 것이 아니다" 하였다. 그리고는 드디어 어제문(御製文)을 내렸는데, 제목은 총영현관(寵榮賢關)이었다. 그 글에 이르기를, "저 현관(賢關)을 바라보매 경전에 실려 있도다. 열조(列朝)의 배양(培養)은 현관을 우선으로 하였도다. 옛 전례(前例)를 수명(修明)케 하였으니, 뜻이 어찌 우연하랴? 마주 대하여 주효(酒肴)를 내리노니, 더욱 힘쓺이 마땅하다" 하였다. 이어서 주효를 내리고 여러 유생과 함께 마시도록 하였다.

영조의 어필 '일감재자'

❖ **일감재자** : 숭문당 안쪽에 걸려 있는 현판으로 영조의 어필(御筆)이다. 밖에서는 볼 수 없다. '일감재자(日監在玆)'는 '하늘이 날로 살펴보심이 여기에 계시다'는 뜻이다. 하늘이 항상 내려다보고 있으니 공경하는 마음을 잃지 말라는 의미를 담고 있다. 이 구절은 《시경》의 〈주송周頌〉·〈경지敬之〉 편에 나온다. 이 시에서 "공경할지어다. 천명이 밝은지라 명을 보전하기 쉽지 않으니 높고 높아 저 위에 있다고 말하지 말지어다. 그 일에 오르내리어 날로 살펴보심이 여기에 계시니라"라고 하였다. 《시경》의 〈주송〉 편은 주나라의 덕을 칭송한 노래들을 모은 것이다. '송(頌)'은 주로 제사에서 연주되었고, '경지'는 성왕이 조상 앞에서 좋은 정치를 하겠다고 다짐하며 신하들을 독려하는 내용이다. 공부 좋아하던 영조는 이곳 숭문당에 와서 여러 신하들과 함께 유교 경전을 강하면서 좋은 정치를 펼쳐 성군이 되겠다는 다짐하였을 것이다.

숭문당 복도

숭문당 복도를 통해 문정전 남쪽 숲의 신록을 느껴봅니다.

빈양문

문 이름 '빈양'은 '밝음을 공경히 맞이한다'는 뜻입니다. 빈양문(賓陽門)은 내전 영역과 외전 영역을 연결하는 통로에 있습니다. 임금의 행차는 대부분 이 문을 통하여 명정전에 이르렀습니다. 숭문당을 지나 빈양문으로 들어서면 창경궁의 내전 영역이 시작됩니다.

빈양문의 문턱을 넘어서면 바로 서북쪽으로 균형 잡힌 멋진 자태의 함인정(涵仁亭)이 있고, 또 빈양문 맞은편 좌우로는 창덕궁과 경계 짓는 담장 너머로 낙선재 후원의 취운정(翠雲亭)과 한정당(閒靜堂)이 보입니다. 창덕궁 쪽의 지세가 높기 때문에 창경궁에서 보는 낙선재 쪽 담장이 상당히 높습니다. 원래는 낙선재 영역이 창경궁에 속해 있었기 때문에 취운정으로 통하던 문이 석축 위쪽에 남아 있군요.

빈양문 밖에서 바라본 명정전 뒤편

화려한 빈양문 단청을 통해 본 명정전 뒤편입니다.

빈양문 안쪽에서 보면 취운정이 담장 너머로 지붕선을 내밀고 있습니다.

매화, 진달래, 개나리, 생강나무 꽃이 어우러진 화계의 봄 풍경입니다.

6
함인정,
사계의
아름다움을
읊다

홀로 도도한 자태로 서 있는 함인정의 쓸쓸한 겨울 풍경입니다.

빈양문을 들어서면 아주 도도한 자태로 함인정(涵仁亭)이 서 있습니다. 더구나 낙선재 후원의 높은 담장 아래 창경궁 쪽으로는 석축을 쌓아 화계를 만들어 봄이면 매화, 진달래, 생강나무가 화사한 꽃을 피우니, 이 또한 함인정 주변의 아름다운 경치를 그려냅니다. 풍경 사진으로 달력을 만들던 시절에는 이 함인정을 담은 풍경은 '카렌다(Calendar)'의 잘나가는 대표 모델이 되기도 했었습니다. 마치 한 마리 학이 금세

함인정과 주목

하늘로 날아갈 듯 날개를 편 모습의 함인정은 보기 드문 균형감과 아름다운 자태를 뽐내는 정자입니다.

함인정은 원래 임진왜란 때 불탄 인양전(仁陽殿)이 있던 자리에 인조 때 인경궁의 함인당을 옮겨 세웠습니다. 한동안 함인당으로 부르다가 함인정으로 이름을 고쳤다고 합니다. 함인정은 왕의 편전으로 자주 사용하던 건물입니다. 이곳에서 과거에 합격한 유생들을 만나보고 경연을 했다는 기록이 있습니다. 함인정 부근은 마당이 넓어 임금이 신하들을 접견하는 장소로 많이 사용되었는데, 원래 함인정은 지금처럼 전면이 열린 공간이 아니었습니다. 〈동궐도〉에 보면 함인정은 원래 3면

화계의 봄

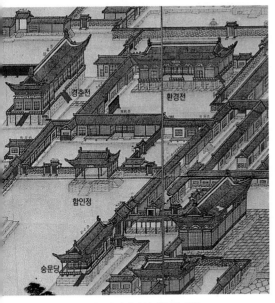

〈동궐도〉에서 본 함인정 영역

이 막힌 모습으로 그려져 있습니다. 함인정과 환경전 사이에 공묵합이라는 전각이 있었으나 소실되어서 현재는 없습니다.

창경궁이 훼손되고 복구되는 과정에서 미로처럼 복잡하던 행각들은 대부분 복원되지 않아 넓은 공간에 전각들이 덩그러니 서 있는 것들이 많습니다. 그러나 함인정 앞의 넓은 마당은 〈동궐도〉에도 그대로 나와 있어, 이곳에서 각종 공연과 연회가 열렸음을 짐작할 수 있습니다. 함인정의 전신이었던 인양전도 이러한 용도로 쓰였던 기록이 보입니다. 성종 17년(1486) 인수대비와 인혜대비가 왕실 여인들을 위해 이곳에서 연회를 베풀었는데, 이때 얼마나 사람이 많았던지 한 부인은 가마를 잘못 타서 도착해 보니 남의 집이었다는 포복절도할 기록도 남아 있습니다.

● 성종 17년(1486) 10월 16일 1번째 기사

인수왕대비 · 인혜왕대비가 창경궁의 인양전에 나아가 육촌 이내의 친족에게 잔치를 베풀었는데, 세조대왕의 사촌 이내의 외친과 정희왕후의 육촌 이내의 친족도 참여하였다. 거의 1백여 명이나 되었으므로, 잔치가 파하여 나갈 때에 교자(轎子)와 기마가 궁문에 나열하여 복종(僕從)과 서로 잃었는데, 한 부인은 다른 가마를 잘못 타서, 가보니 다른 집이었다.

함인정의 봄

함인정 화계의 봄 풍경은 너무나 사랑스러운 정경을 보여줍니다.

함인정 마루에 앉아서

함인정 마루에 걸터앉아 내부를 둘러보면 동서남북 네 면에 각각 사계절을 한 구절씩 노래한 5언절구 사시(四時)가 정자 안쪽에 붙어 있어 함인정의 자태를 더욱 돋보이게 하고 있습니다. 봄 노래를 동쪽에, 여름 노래를 남쪽에, 가을 노래를 서쪽에, 겨울 노래를 북쪽에 두어 계절을 상징하는 각 방향에 따라 시가 한 편씩 걸려 있습니다.

함인정에서 바라본 남쪽 길

춘수만사택(春水滿四澤)

봄 물은 사방 큰 못에 가득하고

하운다기봉(夏雲多奇峯)

여름 구름은 기이한 봉우리에 많도다.

추월양명휘(秋月揚明輝)

가을 달은 밝은 빛을 드날리고

동령수고송(冬嶺秀孤松)

겨울 산마루엔 한 그루 소나무가 빼어나도다.

함인정 마루에서 바라본 봄

여름

가을

겨울

함인정의 사시와 함인정추기

　이 시는 도연명(陶淵明)의 문집인《도정절집陶靖節集》에 실려 있어 사람들에게 오랫동안 도연명의 시로 알려져 왔고,《고문진보古文眞寶》(중국 주나라부터 송나라 때까지의 시문을 엮은 책) 전집에도 도연명의 작품으로 실려 있으나, 현재 여러 연구자들에 의해 진나라의 화가 고개지(顧愷之)의 작품으로 밝혀졌습니다.

　눈을 감고 이 시를 읊으면 마치 아름다운 여인과 우수에 찬 남자가 서로 번갈아 봄−가을, 여름−겨울의 대구(對句)를 노래해 변화하는 풍경을 보는 듯 아름다우면서도 쓸쓸한 감성을 자아내고 있습니다. 마치 고개지가 자신의 그림을 시로 읊은 듯 화가의 감성적인 풍경이 시를 읊조리는 내 마음에도 그려집니다.

함인정 사시 계판 위쪽으로 동서쪽 처마 밑에는 '함인정추기(涵仁亭追記)'와 '함인정병명소서(涵仁亭銘幷小序)'라는 두 개의 계판이 걸려 있습니다.

'함인정추기(涵仁亭追記)'라는 제목의 계판 내용에는 숭정기원후삼정축(崇禎紀元後三丁丑 1757년, 영조 33년)으로 연도를 기록하여 청과의 공식 외교문서에서와는 달리 청의 연호를 쓰지 않았던 조선 선비들의 청에 대한 자존 의지를 읽을 수 있습니다.

❖ **함인정추기** : '함인정추기'의 계판 내용을 살펴보면 경녕전(敬寧殿: 인현왕후의 혼전), 효령전(孝寧殿: 숙종의 혼전), 경소전(敬昭殿: 경종 혼전)과 같은 창경궁 문정전에 설치되었던 혼전의 이름들이 나열되어 있다. 이 혼전들의 이름은 인원왕후(숙종의 제2계비)의 혼전이었던 효소전(孝昭殿)까지 표시되어 있는 것으로 보아 계판은 영조 연간에 만들어진 것으로 보이며,《궁궐지》에도 가을 제삿날 밤에 지은 영조의 글이라고 서술하고 있다. 내용인즉, "영조 자신의 나이가 어느덧 60이 넘어 몸이 예전 같지 않으니, 선대왕을 볼 면목이 없다. 이는 첫째도 둘째도 자신의 부덕이니, 불현듯 눈물이 옷깃을 적신다. 예전의 청묘(淸廟: 혼전)가 함인정 가까운 곳에 있었으니, 제사를 지내기 전 두 시각 전에 옷을 정돈하고 함인정에 앉아서 승선을 불러 배석하게 하고 때를 기다리며 이 시를 짓는다'라고 적고 있다.

❖ **함인정병명소서** : 또 하나의 계판 '함인정병명소서'에는 함인정이 세워진 경위를 적고 '함인정추기'와 마찬가지로 옛 혼전들의 이름을 거론했다. 그리고 선조들을 추모하는 마음과 백성들의 근심과 고통을 걱정하는 마음을 글로써 표현하고 있다. 이 두 계판은 함인정이 순조 때 소실되기 이전에 만들어진 것이다.

'숭정(崇禎)'은 중국 명나라 마지막 황제인 의종(毅宗) 장렬제(莊烈帝) 때의 연호로 서기로는 원래 1628년에서 1644년까지만 사용되던 명의 연호입니다. '함인정추기'의 '숭정기원후삼정축'이라는 독특한 연호 표기는 숭정의 연호를 쓴 때부터 계산하여 정축년이 3번째로 돌아온 해라는 의미입니다. 명이 청에게 패망한 후 굳이 이렇게까지 이미 멸망한 명의 연호를 연장하여 사용하던 방식은 지금의 국가적 자존감을 의식한 시각으로는 이해하기 어렵습니다. 그러나 이는 거꾸로 오랑캐로 여기던 청으로부터 정묘호란과 병자호란의 항복으로 치욕을 겪고 난 후, 조선이 중화의 주체로 명의 뒤를 잇는다는 당시 선비들의 ✿ 소중화(小中華) 의식의 자존감에서 비롯된 연호 표기였습니다. 조선으로서는 오랑캐라고 멸시하던 청나라를 황제국으로 인정할 수 없었기 때문이었습니다.

조선은 병자호란 때의 굴욕적인 항복과 전쟁 후, 왕세자를 비롯한 수많은 사람들을 청에 인질로 보내야만 했던 치욕의 기억을 소중화 사상을 내세움으로써 스스로 위로 받으려고 했습니다. 대외적으로는 청과의 사대를 유지하는 듯했으나 명의 연호를 그대로 지속시키는 선비들의 내면적인 저항이었던 것입니다. 그리고 조선 왕실은 명과의 의리를 지킨다는 대의명분으로 창덕궁 후원 깊숙한 곳에 대보단(大報壇)을 세우고 명황제의 제사를 지냈습니다. 그것이 숭명(崇明) 의리의 존중이거나 소중화 의식의 발로였든 조선시대에 살았던 사람들의 한계로 보이는 것이 사실이지만, 이 또한 그 시대적인 상황이나 인식이었던 것으로 받

✿ 소중화 사상 : 조선이 작은 중국으로서 오랑캐를 상대해야 한다는 사상으로 중국 이외의 나라에서 중화사상의 영향을 받아 발달한 자민족 중심주의 사상이다.

함인정 마루에서 바라본 빈양문과 전각이 지붕선

아들이지 않을 수 없습니다. 또한 그들은 친청(親淸) 외교를 펼쳤던 광해군을 몰아낸 반정 세력의 후손들이었습니다.

　'소중화 사상'이 표면적으로는 사대주의지만, 더 근원적인 실체는 사대부 세력의 결집을 보장하고, 나아가서는 조선의 왕권을 견제할 수 있는 최고의 명분이었던 것으로 해석할 수 있습니다. 그리고 동아시아의 역사에서 명청 교체기를 지나면서 조선에서만 소중화 사상이 나타난 것이 아니라 일본과 베트남에도 역시 소중화 사상이 형성되었습니다. 이것은 17세기 중반 이후 동아시아에 공통적으로 등장한 비한족(非漢族)의 국가 질서를 새롭게 수용하는 방법으로 나타났다고 볼 수 있습니다.

문정전 남쪽 숲길로 향하는 길목

함인정 남쪽의 다 늙고 구부러진 주목 한 그루에서 조선시대 사대부들
의 꼬장꼬장한 고집을 들여다보는 듯합니다.

　이제 저는 잠깐 발길을 돌려 문정전 앞쪽 숲길을 산책하려 합니다.
함인정 남쪽 언덕 아래 나무숲이 우거진 그곳 어딘가에 장희빈이 거처
한 취선당이라는 집이 있었을 겁니다. 숙종과 장희빈의 이야기를 찾아
남쪽으로 발길을 돌려봅니다.

7
문정전 남쪽 숲길를 걷다

취선당을 찾아서

　문정전 남쪽으로 관천대(觀天臺) 주변에는 나무가 우거져서 경관 좋은 숲을 이루고 있습니다. 너무 빼곡하지도 않고 또 너무 헐거운 느낌도 아닌 아주 보기 좋은 풍경입니다. 1980년대 창경궁을 복원하면서 창경원 동물사가 있던 자리에 심은 나무들입니다. 그리고 관천대 앞에서 보는 문정전은 명정전 뒤편을 돌아서 보았던 시각과는 상당히 다릅니다. 수평으로 길게 가로 긋는 담장 너머의 문정전은 더 반듯하고 엄숙

문정전

남쪽 숲에서 바라본 문정전의 겨울 정경

해 보입니다. 이곳에서 당신은 문정전 좌우의 긴 풍경을 마치 파노라마가 펼쳐지는 듯한 감동으로 만나실 수 있습니다.

그리고 우리가 만나야 할 또 하나의 풍경, 바로 취선당(就善堂)입니다. 오랜 세월이 지난 후이니 이제는 취선당이라는 집을 찾아볼 수 없고, 그냥 희빈 장씨가 살았던 취선당의 위치가 이쯤 되겠거니 하고 문정전 남쪽의 나무숲에서 거닐어 봅니다. 아마도 낙선재와도 가까운 위치였을 것도 같구요.《궁궐지》에 "취선당은 저승전 서쪽에 있고 숙종 14년(1688) 경종대왕이 여기서 탄생하였다. 숙종 27년(1701) 희빈 장씨가 신당을 취선당 서쪽에 몰래 설치하고 두서너 계집종과 기도회를 열어 중전을 해치려고 일을 꾸몄다. 일이 발각되어 희빈은 자살하고 희재는

130

주살당하였다. 이를 신사고변이라 한다. 〈조야집요朝野輯要〉에 있다"고 쓰고 있습니다.

《숙종실록》 27년(1701) 기사 중 희빈 장씨의 상(喪)이 나가는 문을 의논할 때 "취선당이 건양현과 명정전 사이에 있으니, 서쪽으로 건양현을 지나고 동쪽으로 명정전의 어로(御路)를 지나는 것은 모두 미안할 듯합니다. 선인문(宣仁門)으로 나가는 것이 사의(事宜)에 합당할 듯합니다"라는 대목으로 미루어 문정전 남쪽 지점에서 창덕궁 낙선재 영역과 경계하는 담장 부근의 가까운 숲을 취선당이 있던 위치로 생각하는 것입니다. 건양현은 바로 지금 창덕궁 낙선재(원래는 창경궁에 속해 있었다) 앞쪽의 종묘 능선과 연결되는 언덕입니다. 실록에 서쪽으로 건양현(建陽峴)을 지나기에 미안하다는 말은 취선당에서 제일 가까운 궁문이 창덕궁 돈화문 동쪽의 단봉문인데, 이 문으로 장씨의 상이 나가자면 건양문(建陽門)을 거쳐야 하고, 건양현은 창덕궁에서 왕이 거둥하며 창경궁으로 올 때 사용하는 길이기에 아무래도 건양현 능선에서 종묘를 내려다보게 되는 것을 의식한 것으로 추정됩니다. 그리고 동쪽 명정전 어로에 대한 언급은 명정전의 어로를 죄인으로 사사(賜死)된 희빈 장씨의 상이 지나는 것을 꺼린 것입니다.

이제 이곳 숲길에서부터 취선당을 나와 선인문까지 그녀가 마지막 지나갔던 길을 따라 햇살을 등지고 걸어보려 합니다. 그런데 그 길의 과정이 하필 사도세자의 죽음과 연결되고 있어 더욱 처연하기도 합니다. 사도세자가 어릴 때 자랐던 저승전이나 동궁으로 사용하던 시민당 터 역시 이 부근으로 추정되고 있습니다.

산수유 노란꽃이 만발한 문정전 남쪽 봄날 숲길입니다.

문정전 남쪽 숲길의 여름

문정전 남쪽 숲에 돌로 쌓아올린 시설물이 하나 보입니다. 가까이 가보니 표지석에는 '관천대(觀天臺)'라고 쓰여 있네요. 관천대는 조선시대 간의를 설치하여 천문을 관측하던 시설물입니다. 원래는 창덕궁 후원의 금호문 밖에 있었으나 일제강점기 때 창경궁 내 현재 위치로 옮겨졌습니다.

창경궁에 있는 관천대는 숙종 14년(1688)에 만들어진 것으로 화강암

관천대

관천대 주변의 겨울 숲길

으로 만든 단 위에는 돌난간을 둘렀고, 돌계단으로 올라가게 되어 있습니다. 단의 중앙에는 다시 돌로 만든 작은 단이 있는데, 별을 관측하는 기구인 소간의(小簡儀)를 설치해 놓는 자리였으나, 현재 간의(簡儀)는 남아 있지 않고 그 대만 있습니다. 당시에는 천문 관측소를 소간의대(小簡儀臺), 또는 첨성대라고도 불렀습니다. 관상감의 관원들은 이곳에서 하늘에서 일어나는 모든 현상을 끊임없이 관측하였습니다. 17세기의 천문 관측대로서는 비교적 완전한 모습으로 남아 있다는 점에서 귀중하며, 관상감에 세워졌던 조선 초기의 또 하나의 관천대와 함께 조선시대 천문대 양식을 나타내는 대표적인 유물(보물 제851호)입니다.

현재 창덕궁 옆 현대건설 빌딩 앞뜰(옛 관상감 자리)에 있는 관상감 관

연록의 잎이 반짝이는 봄날 숲길

천대는 조선 초 15세기 유물로 경주의 첨성대를 닮았습니다. 세종 때
설립된 두 종류의 천문 관측대 중 하나인 소간의대로 추정되는 시설물
인데, 이 역시 소간의 또는 해시계를 올려놓고 별을 관측하거나 시간을
측정하던 곳입니다. 계동 현대사옥 앞 고개의 옛 이름 '운현(雲峴)'이 세
조 12년(1466) 관상감(觀象監)으로 그 이름을 바꾸기 이전 명칭이었던 '서
운관(書雲觀)'에서 비롯된 지명이라고 하니, 그 연륜을 미루어 짐작할 수
있습니다. 지금 우리는 우주에 쏘아올린 인공위성으로 일기와 천문을
예측하는 최첨단 과학문명이 발달한 시대에 살고 있지만, 그래도 이곳
문정전 남쪽 숲속에 있는 돌로 쌓은 관천대 위에 올라가 별을 보고 싶
은 이유는 저도 잘 모르겠습니다.

문정전 남쪽 관천대 주변에는 경관 좋은 숲을 이루고 있습니다.

화려하고도 슬픈 여인, 장희빈

우리 역사에서 조선시대 제19대 국왕 숙종의 후궁이며 제20대 경종의 생모였던 희빈 장씨(장옥정)만큼 극적인 삶을 살다간 여인도 흔치 않을 것입니다. '장희빈(張禧嬪)'이라 불리는 이 여인이 지닌 화려하고도 슬픈 캐릭터는 지금까지도 역사 드라마에서 가장 흥미롭고 드라마틱하게 다루어지는 소재입니다. 물론 이 여인은 빼어난 미모로 왕의 총애를 받았고, 당시 당쟁의 격랑 한복판에 서 있었습니다. 매우 아름다웠지만

장희빈의 운명은 화려하게 피었다가 빨리 지는 봄날의 꽃잎처럼 사라져갔다.

또 그만큼 사악한 영혼을 지닌 여인으로 그려졌던 장희빈이라는 인물을 이 창경궁에서 만나보아야 할 듯합니다.

희빈 장씨는 역관 집안의 딸로 어린 나이에 궁에 들어가 자의대비 조씨의 궁녀가 되어 숙종의 승은을 입었습니다. 그러나 숙종의 모후인 명성왕후 김씨에 의해 강제로 궁 밖으로 쫓겨났다가 다시 입궁하여 숙종의 사랑을 한 몸에 받고 왕세자를 낳았습니다. 이로 인해 국모의 자리에까지 올랐던 여인이었지만, 결국 그녀를 그토록 사랑했던 국왕의 명에 의해 자진해야 하는 최후를 맞게 되고, 그 사건을 '무고의 옥(巫蠱獄)'이라 부릅니다.

숙종 27년(1701) 8월, 숙종의 계비 인현왕후가 병을 앓다가 승하하자 숙빈 최씨(제21대 영조의 생모)는 희빈 장씨가 인현왕후를 모해하기 위해 통명전 부근에 흉물을 묻고 전각에 은밀히 신당을 차리고는 무녀를 끌어들여 인현왕후를 저주하는 굿판까지 벌였다고 발고하였습니다. 신병으로 죽은 인현왕후가 실은 희빈 장씨의 저주에 의해 시해되었다는 반론이 제기되면서 환국이 끊이지 않았던 정국은 또 한 번의 파란을 몰고 왔습니다. 이를 추국하기 위한 옥사가 일어났는데, 이것이 무속과 관련한 일이기에 '무고의 옥'이라고 이름 붙여졌습니다.

숙빈 최씨의 발고로 장희빈의 거처인 취선당 부근의 신당이 발각된 이 사건은 실록에도 "희빈 장씨가 인현왕후를 저주하기 위해 신당을 차리고 굿을 했다"고 기록되어 있으니 일단은 근거가 전혀 없지는 않습니다. 문제의 발단은 저주 굿인데, 당시 조선시대의 궁중에서는 그러한 저주의 사건도 많았지만, 숙종의 모후인 명성왕후가 숙종의 병을 낫게 하려고 굿을 하는 등 신병 치료를 위해 굿거리를 하는 일도 많았습

문정전 남쪽 숲의 가을

니다. 희빈 장씨 역시 세자의 병을 낫게 하기 위해 신당을 차린 것이라고 변명하고 있어서 그녀에 대한 우리의 역사 해석을 현대적인 시각에서 다시 생각해볼 필요가 있습니다. 그리고 나중에 증거물로 확보한 저주물이라는 것이 얼마든지 조작의 가능성이 있었던 상황이구요.

당시의 사건은 죽은 사람의 원한을 풀어주는 일보다는 어떤 의도로든 미리 희생물을 설정해 놓고 그를 제거할 구실을 만들어 심하게 왜곡시키며 한 방향으로 몰아가고 있다는 추측이 강하게 듭니다. 실록에는 조선시대 궁중에서 전각 여러 곳에서 저주를 위해 묻어둔 흉한 물건을 찾아냈다는 기사가 심심치 않은데, 그 흉물이라는 것이 발견되는 시점에는 꼭 누군가가 범인으로 지목을 받고 희생이 되었습니다. 지금 전체

140

적인 역사의 흐름을 놓고 볼 때 억울한 경우가 상당히 많았고, 그 취조
과정이 매우 비과학적이라는 점을 주목할 필요가 있습니다.

또한 이 사건을 액면 그대로 받아들이기에는 무언가 미심쩍은데, 다
름 아닌 '장희빈의 저주'라는 것이 인현왕후가 죽은 지 한 달도 더 지난
시점에서 새삼스럽게 고발되었다는 점이고, 또 그 고발자가 장희빈과
는 적대관계에 있는 숙빈 최씨라는 사실입니다. 역사적 사건에 대한 기
록이나 또는 그 당시의 사건을 소재로 한 소설류의 기록은 어느 정도
승자의 입맛에 맞게 각색될 수 있다는 점을 놓쳐서도 안 될 것입니다.
특히 숙종 때의 인현왕후 저주사건 같은 경우 그 뒤에 숙빈 최씨와 영
조가 관련되어 있으므로 모두 노론이 집권을 한 후 그들의 입장에서 쓸
수 있는 여지는 사실 얼마든지 있을 수 있는 일이라는 겁니다.

문정전 남쪽 숲의 겨울

인현왕후 폐위와 기사환국

인현왕후와 장희빈의 엇갈린 운명은 이곳 창경궁에서 시작됩니다. 궁궐에서 궁녀 장씨는 국왕의 성총을 흐리는 눈엣가시였고, 더구나 인현왕후는 숙종이 총애하는 궁녀 장씨의 교만함을 훈계하기 위해 왕비가 명하여 그 아랫사람에게 장씨의 종아리를 때리게 하였습니다. 그리하여 왕은 인현왕후와 후궁 귀인 김씨의 처소가 있는 창덕궁이 아닌 창경궁에 장씨의 처소를 비밀리에 새로 짓게 하였습니다. 그리고 숙종 12년(1686) 12월에 왕이 직접 장씨를 종4품 숙원에 봉함으로써 장씨의 출궁을 종용하던 서인들의 입을 막았습니다. 그녀에 대한 숙종의 총애는 점점 깊어만 갔고, 숙종 14년(1688) 10월 27일 소의(昭儀) 장씨는 왕자를 낳았습니다. 숙종이 그토록 고대하던 맏아들을 얻은 것입니다. 이를 기뻐한 왕은 왕자가 태어난 지 두 달 만에 원자(元子: 임금의 적장자)로 봉했다가 이듬해 원자의 정호(定號)를 종묘와 사직에 고하고, 장씨를 정1품 희빈(禧嬪)에 봉했습니다.

1689년 4월 23일은 인현왕후의 생일이었는데, 숙종이 대왕대비 조씨(인조 계비: 자의대비)의 국상 기간 등을 이유로 탄일 하례 의식을 생략하라는 어명을 내렸지만, 대신들은 국모의 당연한 권한이라는 이유로 어명을 따르지 않고 인현왕후에게 하례를 올렸습니다. 이에 숙종이 분노하여 중전과 크게 다투고, 조정 대신들에게 "내 나이 30에 비로소 원자를

취선당을 찾아가는 길목

두었으니 이것은 종묘사직의 무한한 복인 것이다. 진실로 병이(秉彝: 인간의 도리를 지킴)의 마음이 있는 사람이면, 경사스럽게 여기는 마음과 돌보아 아끼는 정이 자기가 낳은 자식과 다름이 없어야 하는 것이다. 그런데 원자가 탄생하였다는 말을 듣고부터는 매우 노여운 기색을 드러내며 도리에 어긋난 불평하는 말을 한 것이 한두 번이 아니다"라고 말했습니다.

왕은 인현왕후를 중국 한고조의 악명 높은 황후 여곽(呂雇)의 행실에 비유하고 평시의 언동이 모두 분노와 원망에 차 있었기 때문에 세월이 쌓여 갈수록 감화(感化)의 기대가 끊겨가고 있었다고 비난하며 인현왕후에게 국모로서 군림할 자격이 없으니 고사를 찾아보라는 명을 내렸습니다. 인형왕후를 폐하겠다는 것입니다. 이에 서인 대신뿐만 아니라 남인조차 당황하여 권대운·목래선·김덕원·민암 등은 중전에게 올려진 탄일 문안은 신자(臣子)들의 상례이니 중전에게는 죄가 없음을 주장하며 인현왕후를 변호하였고, 권대운은 고사를 찾으라는 숙종의 명에 불복하며 사직을 청하였습니다. 이러한 조정 안팎의 반발에 대해 숙종은 서인은 처벌하고 남인은 용서하는 차별을 보임과 동시에, 24일에는 왕후가 숙종과 크게 말다툼을 하면서 성을 내고 "폐출시키려거든 폐출시키라" 하며 과격한 언사들을 입에 담았던 사실을 폭로해버렸습니다.

그러나 다음 날 4월 25일, 오두인·박태보 등 서인 86인이 상소를 올려 전날 국모의 위엄을 훼손한 숙종의 발언을 비판하며 왕후의 명예를 회복시킬 것을 요구했습니다. 숙종은 이 상소에 크게 노하여 오두인·박태보 등을 친국한 후 참혹한 극형으로 박태보가 숨졌고, 왕후의 친오빠 민진후 형제에게도 국문을 내렸습니다. 이 사건으로 서인이 대거 연루되어 정계에서 완전히 축출되고 남인이 정계를 독점하게 되는 ✿기사환국(己巳換局)이 발발했습니다.

✿ **기사환국** : 숙종 때 소의(정2품) 장씨 소생의 아들 윤(昀)을 왕세자로 삼으려는 숙종에 반대한 송시열 등 서인이 이를 지지한 남인에게 패배하고, 정권이 서인에서 남인으로 바뀐다. 일명 '기사사화'라고도 부른다.

1680년 서인 세력에 의해 축출되었던 남인 정권은 조정으로 돌아오자 이현기·남치훈·윤빈 등이 먼저 원자 윤의 탄생과 숙종의 원자가 정해진 것에 대해 경하와 찬사를 올려 인현왕후가 아직 젊다는 이유로 왕자의 정호를 반대하던 서인과는 극적으로 상반된 모습을 보였다. 이는 남인에게 대역죄를 씌워 경신환국(庚申換局: 1680년 남인 일파가 서인 세력에 의해 정치적으로 대거 실각한 일)을 일으켰던 서인들을 향한 정치 보복의 시작이었다. 결국 송시열은 원자 정호를 반대한 일로 제주도로 유배되었다가 압송되어 오던 중 정읍에서 사사되었다.

숙종은 왕후를 폐하기로 결심하고 왕비 민씨의 간특한 정상을 참지 못하는 비망기(備忘記: 임금의 명령을 적어서 승지에게 전하는 문서)를 내렸습니다. 숙종 15년(1689) 5월 2일, 숙종은 당시 사대부 여성으로선 입에 담을 수 없는 발언을 했던 중전 민씨의 언사를 낱낱이 폭로하여 망신을 주고 폐서인하여 강제로 출궁시켰습니다. 숙종은 민씨의 폐출은 연산군의 생모 폐비 윤씨의 투기한 일에 비교할 바가 아니라고 하였습니다. 인현왕후 민씨에게 물은 죄는 '죽은 시부모의 계시를 빙자하여 왕에게 거짓을 고한 죄, 왕의 육체를 조롱한 죄, 투기로 내전(內殿)의 일을 조정으로 확대시켜 국정을 어지럽힌 죄, 내전에서 궁인의 당파를 나누어 붕당을 일으킨 죄'였습니다. 숙종은 폐서인 민씨의 남겨진 물건을 모두 불태워버리도록 명하였으며, 그녀가 가례를 올릴 때 입었던 장복은 대내에서 공개적으로 태우도록 했습니다.

● 숙종 15년(1689) 5월 2일 1번째 기사

왕비 민씨를 폐하여 서인(庶人)으로 삼았다. 임금이 비망기(備忘記)를 내리기를, "내가 양조(兩朝: 성종, 중종)의 폐비할 때의 고사(故事)를 보건대, 윤씨가 잘못한 바는 단지 투기(妬忌)에 있었는데, 죄상이 이미 드러나자 성묘(成廟)께서 종사를 위해 깊이 근심하고 먼 앞날을 생각하시어 단연코 폐출하셨다. 더욱이 오늘날 민씨는 허물을 지고 범한 것이 윤씨보다 더하고, 윤씨에게 없었던 행동까지 겸하였으며, 선왕(先王)·선비(先妃)의 하교를 지어 내어 종사에 죄를 얻었다. 예관으로 하여금 폐하여 서인을 삼아 사제(私第)로 돌려보내니, 종묘에 고하고 교서를 반포하며 그 부모의 봉작(封爵)을 빼앗는 등의 일은 한결같이 구례(舊例)에 의하여 즉시 속히 거행하도록 하라" 하였다.

그러나 사관은 숙종의 명을 반박하는 사견(私見)을 쓰고 있습니다.

〈삼가 살펴보건대, 중궁은 왕후의 자리에 오른 지 거의 10년이 되었는데, 안으로는 후

겨울 숲에서 바라보는 문정전

궁의 투기와 이간이 있었고, 밖으로는 간신의 부추김이 있어서, 위험이 핍박하는 변
(變)에 빠져 폐출의 액운을 당하였다. 임금이 바야흐로 총애에 치우치고 분노에 과격하
여, 무릇 잘못을 크게 드러내어 그 죄를 만드는 것에 이르지 아니하는 바가 없었다. 그
러나 동정과 언어에 일찍이 한 가지 일도 지적해 낼 만 한 잘못이 없었으니, 이에 신민
이 비로소 곤의(壼儀)의 결함이 없음을 더욱 알았다. 아아! 이와 같지 아니하였다면 어
찌 능히 뒤에 명철한 임금이 회오(悔惡)하여 그 과실을 재빨리 고친 것이 일식・월식이
지난 뒤 해와 달이 다시 광명을 찾는 것과 같을 수 있었겠는가?)

문정전 남쪽 숲의 겨울나무

왕후가 된 장희빈

숙종 15년(1689) 5월 13일, 왕은 장씨의 명호를 정하여 비(妃)를 삼고, 종묘(宗廟) · 사직(社稷) · 효사전(孝思殿)에 고하였습니다.

인현왕후가 폐출된 후 숙종은 새로이 계비를 간택하지 않고 원자의 생모인 희빈 장씨를 왕비로 삼을 것을 선포하였습니다. 이는 후궁 소생의 원자가 왕비 소생의 정통성을 얻게 되는 사건임과 동시에 중인 출신이자 궁녀 출신인 후궁이 국모의 위에 오르는 조선 역사상 최초의 사건이었지요. 하지만 대왕대비 조씨의 복상 기간이 끝나지 않은 탓에 장씨가 정식으로 왕후로 책봉된 것은 다음 해인 1690년 10월 22일입니다.

숙종 16년(1690) 6월 16일, 원자 윤이 왕세자로 책봉되었습니다. 그리고 한 달 뒤 7월 19일 중전 장씨가 숙종의 차자(次子)이자 첫 대군(大君)인 성수(盛壽)를 출산하였습니다. 새로 태어난 왕자는 왕비의 몸에서 왕의 적자로 탄생한 직후부터 대군(大君: 왕비 소생의 적통 왕자에게 내리는 작위)으로 불렸으며, 대군으로서의 예우와 영토와 녹봉이 내려지는 대우를 받았습니다.

그러나 대군 성수는 탄생한 지 100일이 되지 않은 9월 16일에 돌연 급사하였습니다. 6월부터 중궁전의 출산을 위해 산실청이 세워지고 기대했던 적통 왕자를 얻었으나 난산을 치른 산모와 탄생한 아기의 건강

창경궁이 많은 전각들이 사라진 자리에는 나무들만이 세월의 흔적을 간직하고 있다.

이 좋지 않아 새로 태어난 대군이 사망한 것으로 보입니다. 이날《승정원일기》의 기사를 보면 숙종은 조정 백관 앞에서 울음을 터트리며 마음이 진정되지 않는다고 토로했을 만큼 둘째아들을 잃은 안타까움을 표했습니다. 조선시대 후기에 왕의 적장자로 승계하는 일이 점점 어려워졌던 만큼 왕실을 비롯한 숙종 개인의 기대도 컸던 대군 왕자의 출생이었기에 그 죽음에 대한 상실과 아픔도 컸을 것입니다.

숙종 20년(1694) 민씨가 중궁전에 복위되고 장씨는 다시 희빈으로 강등되었습니다. 민씨가 폐출된 지 5년이 지난 1694년 4월 9일 숙종은 폐인을 별궁에 옮겨 두고 수직하고 늠료(廩料: 곡식 값)를 주게 하라고 비망기를 내리면서 "폐인(민씨)을 신원하는 자는 역률로 다스린다"는 명을 내려 왕비를 교체할 마음이 없음을 선포했습니다. 하지만 4월 11에, 숙종은 마음을 바꾸어 폐비가 경복당(景福堂: 창덕궁 서쪽에 위치)에 들어가 살고 공봉(供奉)을 법과 같이 하라는 명령을 내렸고, 4월 12일에는 민씨가 경복당으로 입어하라는 복위령을 내렸습니다. 이와 동시에 왕비였던 장씨는 국모가 둘일 수 없다는 이유로 빈으로 강등되어 희빈의 작호를 돌려받았습니다.

영의정이자 소론 영수인 남구만이 '민씨의 복위는 이미 정해졌으니 이에 대해 거론하여 다투는 것은 아들이 어머니에 대해 논하고 신하가 임금에 대해 의논하는 것이니 천하의 도리에 맞지 않으며, 희빈의 강호는 죄가 있어서 폐출된 것이 아니라 민씨가 복위함에 있어 왕비가 둘이 있을 수 없으니 부득이한 것이다'라고 선언하여 노론과 소론을 중재하였습니다. 이로 인해 민씨의 복위가 결정되었지만 노론과 소론의 사이엔 깊은 골이 생겼으며, 노론은 장씨의 친정 오라비인 장희재에게 칼끝을 돌려 남인과 함께 제거하려 하였습니다. 장희재가 희빈에게 보냈던 편지가 발각되었는데, 그 속에 폐비 민씨를 모해하려는 문구가 있었다는 것이 그 명분이었습니다. 그러나 장희재는 세자의 친척이라는 이유로 소론인 남구만의 적극 변호에 힘입어 무사하였습니다. 당시 정국은 장씨 소생인 세자에 대한 지지 여부를 쟁점으로 노론과 소론이 대립하였는데, 소론은 세자를 지지하였기 때문에 장희재를 처벌했을 때 세자에게 미칠 영향을 고려하였던 것입니다.

여하튼 희빈 장씨의 강등은 기사환국이 발생한 1689년 이후로 집권해온 남인이 몰락하고, 기사환국 때 몰락했던 서인(노론·소론)이 재집권하는 갑술환국(甲戌換局)을 가져오는 계기가 되었습니다. 소설《인현왕후전》에는 갑술환국의 원인을 숙종이 희빈 장씨의 간악함을 견디지 못해 오랜 기간 그리워했던 인현왕후를 복위하기 위해 벌인 것이라고 묘사합니다. 이문정이 쓴《수문록》역시 희빈 장씨의 요악함에 질려 기사환국 직후부터 왕후 교체를 후회해온 숙종이 중전 장씨가 회임한 숙빈 최씨를 매질하여 죽이려는 것을 목격하고 장씨를 왕비에서 쫓아내기 위해 환국을 일으킨 것이라고 묘사되어 있습니다.

그러나 정사의 기록을 날짜순으로 분석하면 숙종이 인현왕후를 복위시키기 위해 환국을 벌였다고 보기엔 무리가 있으며, 인현왕후의 복위를 전후하여 보인 숙종의 행적에서도 마찬가지입니다. 왕은 자신의 정국을 주도면밀하게 운영하기 위하여 적절히 환국을 이용했고, 그 당쟁의 복판에 인현왕후·희빈 장씨·숙빈 최씨가 있었던 것입니다.

저주의 굿과 인현왕후의 죽음

1701년 음력 8월 14일, 오랜 지병을 앓던 인현왕후가 승하하였습니다. 조정은 인현왕후를 위한 국상을 준비함과 동시에 한 편에선 희빈 장씨를 다시 왕비로 복위시키는 움직임이 전개되었습니다. 이는 당연한 수순이었지만 노론과 연잉군(영조)의 생모 숙빈 최씨에게는 치명적인 상황이었으며, 갑술환국을 주도했던 숙종에게도 좋지 않은 상황 전개였습니다.

급박해진 노론 측에서는 어떻게든 이 정국을 타개해 나가야 했겠지요.《인현왕후전》에는 "숙종의 꿈에 죽은 인현왕후가 나타났고 이 꿈을 통해 장희빈의 저주를 알아차리고 그녀의 처소로 찾아가 저주의 굿을 했던 신당을 확인 했다. 그리고 숙빈 최씨가 평상시에 왕비가 베푼 은혜를 추모(追慕)하여, 통곡하는 마음을 이기지 못하고 임금에게 몰래 고하였다"고 쓰고 있습니다.

1701년 9월, 인현왕후와 함께 노론의 편에 있던 후궁 숙빈 최씨는 숙종에게 희빈 장씨가 취선당 서쪽에 신당(神堂)을 설치하고 인현왕후를 저주했다고 왕에게 발고하였고, 인현왕후는 병이 아닌 희빈 장씨의 저주에 의해 시해당한 것이라고 주장하였습니다. 또한 인현왕후의 동복 오라비인 민진후 형제는 인현왕후가 생전 "지금 나의 병 증세가 지극히 이상한데, 사람들이 모두 반드시 빌미가 있다고 한다"고 그들에게

가을빛으로 물든 남쪽 숲길

말한 바가 있었음을 숙종에게 발고했습니다. '빌미'란 장씨의 저주로 자신이 병에 걸렸다는 것을 암시하는 말이었습니다. 숙종은 먼저 제주에 유배시킨 죄인 장희재를 처형하라는 명령을 내렸습니다.

● 숙종 27년(1701) 9월 23일 1번째 기사
밤에 임금이 비망기를 내려 이르기를,
"대행 왕비(인현왕후)가 병에 걸린 2년 동안에 희빈 장씨는 비단 한 번도 기거(起居)하지 아니하였을 뿐만 아니라, '중궁전'이라고 하지도 않고 반드시 '민씨'라고 일컬었으며, 또 말하기를, '민씨는 실로 요사스러운 사람이다'라고 하였다. 이뿐만이 아니다. 취선당의 서쪽에다 몰래 신당(神堂)을 설치하고, 매양 2, 3인의 비복(婢僕)들과 더불어 사람들을 물리치고 기도하되, 지극히 빈틈없이 일을 꾸몄다. 이것을 참을 수가 있다면 무엇인들 참지 못하겠는가? 제주에 유배시킨 죄인 장희재를 먼저 처형하여 빨리 나라의 형벌을 바로잡도록 하라."

실제로 희빈 장씨는 그녀의 처소인 취선당 근처의 신당에서 굿을 하였습니다. 이 신당이 인현왕후를 죽게 만든 저주굿을 했던 장소로 지목을 받은 것인데, 숙종은 창덕궁 인정문 앞에서 축생·설향·숙영 등 취선당 나인들을 친국했습니다. 하지만 추국 과정에서 장씨 측의 나인들은 2년 전(1699년) 세자 윤이 두창에 걸리자 쾌유를 기원하기 위해 굿을 했다고 주장합니다. 《숙종실록》에는 그들의 증언으로 이미 세자의 두창은 완쾌되었지만 세자가 후유증으로 안질을 앓았고, 병이 나았다고 하여 신증(神甑: 떡을 신에게 바치는 것)을 철거하면 귀신의 분노를 산다는 무당의 말에 두려워 철거하지 못하였다는 말을 하고 있습니다. 또 무녀가 설치한 신당은 인경왕후(숙종의 원비)가 두창(천연두)으로 승하했으나 세자가 두창을 잘 넘겼기 때문에 음즐(하늘이 은연중에 내리는 회복)을 위해 설치된 것이라고 증언하기도 했습니다. 이들의 주장은 고문 중에도 번복되지 않았으며 거듭되는 가혹한 고문 후에 다만 인현왕후의 죽음을 기원하였다는 자백이 더해졌을 뿐입니다.

만약 취선당 서편 어딘가에 있었다는 신당의 존재가 2년 전부터 존재하였다면 숙빈 최씨를 비롯한 궁인들은 물론 숙종 또한 알고 있었을 가능성이 큽니다. 주자학을 신봉하는 조선 사회에서 무속 행위는 국법으로 엄중히 금하였지만 궁 밖 백성들은 물론 궁 안에서도 굿은 자주 행해졌고, 숙종의 모후 명성왕후 김씨도 인현왕후와 함께 숙종이 두창을 앓았을 때 쾌유를 기원하는 굿을 하였던 만큼 장씨의 신당 설치 자체는 굳이 문제 삼을 만한 사안이 아니었습니다. 하지만 숙빈 최씨는 신당의 존재에 이견을 주장하였고, 숙종은 숙빈 최씨가 거론한 신당의 존재를 조정 대신들에게 공론화하며 장씨가 몰래 신당을 차려 인현왕후를 음해하는 저주의 굿을 하였다고 발표한 것입니다.

저주사건에 대한 국문은 계속되었습니다. 그리고 이번에는 고문을 깊게 가하기도 전에 죄인들은 통명전과 대조전에 저주물을 묻었다고 바로 공초(죄인이 범죄 사실을 자세히 말하는 일을 이르던 말)했습니다. 이후 10월 7일 《숙종실록》 기사에는 "죄인 숙정(淑正)과 숙영(淑英) 등이 저주한 일을 자복한 뒤 각시(角氏: 조그맣게 만든 인형)와 참새·쥐의 뼛가루 등의 물건을 대조전 동쪽 가 침실 안에서 찾아냈다. 이외의 흉악하고 더러운 물건으로 대조전과 통명전의 섬돌 아래에서 파낸 것도 또한 많았다"고 적고 있습니다. 그들의 말대로라면 드디어 간악한 장씨의 죄상이 명백하게 드러난 것입니다.

이에 소론은 죄인들을 고문하는 과정이 비정상적이었음을 주장하며 희빈의 결백을 주장했으나, 이미 희빈 장씨를 죽일 결심을 한 숙종의 뜻은 단호하였습니다. 이에 영의정 최석정과 소론은 희빈에게 죄가 있다고 하더라도 세자의 생모이니 세자를 위하여 희빈을 용서할 것을 청하고 처우에 관대하게 하자고 주장을 바꿨지만 이 역시 받아들이지 않았습니다. 왕은 "지금도 오히려 이와 같은데, 후일에는 더욱 마땅히 어떠하겠는가? 어찌 이것을 헤아리지 아니하는가? 금일의 일은 종사를 위하고 세자를 위한 것이다. 나의 뜻이 이미 정해졌으니, 결단코 마음을 바꿀 수가 없다"고 말했습니다. 뒤이어 숙종은 남구만·유상운·최석정 등 소론 대신들을 귀양 또는 파면시켰습니다. 이 사건으로 소론 세력은 약화되는 반면 노론이 조정에 크게 진출하는 계기가 되었습니다.

숙종은 빈어(嬪御: 임금의 첩)에서 후비(后妃: 임금의 정실)로 승격되는 일을 금지하는 법을 만들고(1701년 10월 7일), 다음날 장씨에게 자진의 명을 내렸습니다(10월 8일). 이틀 뒤 숙종은 희빈 장씨가 이미 자진하였음을 공표했습니다(10월 10일).

희빈 장씨가 죽을 때 사약을 마시지 않으려고 약사발을 내팽개치고 패악을 부리자 궁녀들에게 막대기로 희빈의 입을 벌리게 하여 왕이 직접 약을 퍼부었다는 《수문록》에 실린 장면은 그녀를 지나치게 모해하여 악의적으로 묘사한 것으로 보입니다. 그리고 천벌로 인해 죽자마자 장씨의 온 몸이 썩어 냄새가 진동해 즉시 궁 밖으로 시체를 버렸다고 기록한 《인현왕후전》이나 죽기 직전에 세자 윤에게 위해를 가해 병신으로 만들었다는 야사의 이야기와는 달리 실록에 기록된 희빈 장씨의 죽음에 대한 국가의 예우는 지극히 극진하였을 뿐만 아니라 그 비슷한 예를 찾을 수 없을 만큼 파격적이었습니다.

숙종 27년(1701) 10월 10일, 숙종은 장씨가 자진하였음을 통보하며 아들인 세자 윤 부부에게 상주로서 거애(擧哀)하고 망곡례를 행할 것을 명했습니다. 다음날인 10월 11일에는 세자 윤 부부의 상복에 대한 논의가 있었고, "서자(庶子)로서 아버지의 후사가 된 자는 그 어머니를 위해서 시마복(緦麻服: 3개월 복)을 입는다"는 예조의 말에 따라 그대로 시행하라

선인문 안쪽

명을 했지만, 이후 숙종은 이를 번복하여 장씨를 위해 3년복을 입도록 했습니다. 또한 장씨의 상례부터 장례까지의 모든 절차는 궁에서 주관하고 치러졌으며 종친부 1품의 예로 받들어졌습니다. 이는 생모를 잃은 세자를 위한 배려였을 것입니다. 왕세자 윤의 나이 14세였습니다.

　왕은 장씨의 상(喪)을 선인문으로 나가게 하였습니다. 어린 나이에 궁에 들어와 궁녀의 몸으로 왕의 사랑을 한 몸에 받고 승은을 입어 후궁에 오른 뒤 왕의 아들을 낳았고, 왕세자의 사친이 되었으며, 왕비의 지위에까지 올랐던 여인. 그러나 자신을 사랑했던 숙종의 손에 죽임을 당한 희빈 장씨의 나이 43세였습니다.

서오릉에 위치한 장희빈의 대빈묘

이후 숙종 43년(1717) 12월 희빈 장씨의 묘가 완전한 곳이 아닌 것 같
다는 상소가 올라오자 이듬해 숙종은 노론의 반대에도 불구하고 인장
리(지금의 경기도 구리시 일대) 묘의 천장(遷葬)을 명하였습니다. 예조참의가
이름난 지사 10여 명을 대동하여 1년간 경기 내의 길지(吉地)를 고른 끝
에 그중에서 가장 평가가 우수한 광주 진해촌(眞海村: 지금의 경기도 광주시
오포읍 문형리)으로 와병 중인 숙종이 직접 택점하였습니다. 숙종이 자신
이 죽기 전에 장희빈을 위해 한 마지막 일이었습니다. 국왕으로서 차마
사사(賜死)할 수밖에 없었으나 사랑했던 여인을 위한 안식처를 마련해
줌으로써 미안한 심정을 대신했을지도 모릅니다. 숙종 45년(1719) 천장
이 완료되었는데, 천장 때에는 세자(경종)와 세자빈 어씨(선의왕후)가 망
곡례를 거행하였습니다.

그러나 현대에 들어오면서 장희빈의 묘는 서오릉 경내 한편에 몹시 초라하고 쓸쓸한 상태로 방치되어 있습니다. 1969년 광주 진해존 묘소를 통과하는 도로가 생기는 바람에 지금의 경기도 고양시 덕양구 서오릉(西五陵) 경내로 이전하게 된 것입니다. 서오릉에는 숙종의 정비 인경왕후 김씨 능인 익릉(翼陵), 숙종과 계비 인현왕후 민씨 및 인원왕후 김씨가 함께 묻혀 있는 명릉(明陵)이 있는데, 여기에 희빈의 묘까지 들어오면서 숙종과 그의 왕비 4명은 모두 같은 곳에 묻히게 되었습니다. 그러나 희빈 장씨의 대빈묘(大嬪墓)는 서오릉 경내 한 구석의 음지에 덩그런 무덤과 장식품만이 초라하게 옮겨진 탓에 왕실에서 쫓겨난 천덕꾸러기로 오해를 받고 있습니다. 그녀의 사당 대빈궁(大嬪宮)은 청와대 서쪽 궁정동 ✿ 칠궁(七宮) 경내에 있습니다. 대빈궁은 왕후만이 사용하는 원형 기둥을 쓰고 있어서, 이는 장희빈이 한때나마 국모의 지위에 있었음을 보여주고 있습니다.

✿ 칠궁 : 칠궁은 조선시대 역대 왕이나 추존 왕의 사친으로 종묘에 배향되지 못한 일곱 분의 후궁을 모신 사당이 모여 있는 곳이다. 입구에서 들어가는 순으로 보면
· 숙종의 후궁으로 영조의 생모인 숙빈 최씨를 모신 육상궁
· 선조의 후궁으로 추존된 왕 진종의 생모 정빈 이씨의 연호궁
· 고종의 후궁으로 영친왕의 생모인 순헌귀비 엄씨의 덕안궁
· 정조의 후궁으로 순조의 생모인 수빈 박씨의 경우궁
· 영조의 후궁으로 장조로 추존된 사도세자의 생모 영빈 이씨를 모신 선희궁
· 숙종의 후궁으로 경종의 생모인 희빈 장씨의 대빈궁
· 선조의 후궁으로 추존왕 원종의 생모 인빈의 저경궁이 있다.

조선의 신데렐라, 최숙빈

재위 당시 숙종은 여러 차례의 환국을 통해 세력이 강한 붕당의 힘을 약화시키고 약해진 왕권을 회복하기 위해, 집권 정당을 수시로 교체시키면서 주도권을 잡고 정국을 운영하였습니다. 그 때문에 흔히 숙종의 치세를 '환국정치'라고 일컫습니다. 그도 그럴 것이 숙종의 재위 기간에서만 무려 3번의 환국이 있었기 때문입니다.

숙종은 당쟁으로 격렬했던 조정의 분위기를 시기적절하게 파당의 색을 가려 쓰면서 정국을 주도해 나갔습니다. 정권을 교체하는 방법으로 붕당 내의 대립을 촉발시키고 신하들 간의 정쟁으로 임금에 대한 충성심을 유도하였습니다. 그리고 숙종은 이러한 환국정치를 통해 강화된 왕권을 바탕으로 민생 안정과 경제 발전에 상당한 업적을 남겼습니다. 그리고 숙종의 정치적인 행보 속에 왕의 여인들이 다시 각각의 당색으로 구분되어 당쟁의 격랑에 함께 요동쳤다고 볼 수가 있지요. 인현왕후나 희빈 장씨 모두가 정치적 모사꾼이었던 왕의 변덕과 번득이는 칼날 아래 위태로운 정치 행보를 하다가 전제군주제에 희생된 사람들이었다는 생각이 듭니다.

오랫동안 많은 사람들에게 인식되어온 인현왕후의 이미지는 매우 온화하고 후덕한 여인으로, 요악한 장희빈에 의해 모해당하는 현처로 그려지고 있는데, 실록에 드러난 그녀의 성격은 그리 녹록하게 순한 성품은 아니었던 것으로 보입니다. 인현왕후를 내쫓던 날 숙종이 대신들 앞에서 토로한 실록 기사에 의하면 그녀는 국왕 앞에서 할 말을 다하고 자신의 뒷배인 가문의 당색을 꽤나 의식하고 있었습니다.

이래저래 장희빈은 죄인으로 사사되었고, 그 아들 경종마저도 왕위에 오른 지 재위 4년(1724)만에 승하하고 영조가 왕위에 오르니, 모든 기록은 인현왕후를 지지했던 숙빈 최씨를 미화하고 있습니다. 그녀는 미천한 신분으로 궁에 들어와 인현왕후를 모시다가 왕후가 폐출된 후에도 은의를 잊지 않고 착한 일을 하다가 왕의 승은을 입게 되었습니다. 그러나 간악한 희빈 장씨로 인해 온갖 고초를 겪다가 왕자를 낳아 숙빈의 지위에 올랐고, 아들(영조)이 조선의 최장수 재위 왕이 되는 바람에 숙빈 최씨는 자신의 처지를 알아 늘 겸양을 잊지 않았던 착하고 현명한 여인으로 남게 되었습니다. 그녀가 바로 조선시대의 신데렐라 최숙빈입니다.

홍화문 남십자각 담장 안 배롱나무

경종의 독살설과 영조의 즉위

숙종의 지병이 악화되어 1717년부터 왕세자 윤이 대리청정을 하였습니다. 1720년 6월 8일 숙종이 승하하자 13일 세자가 33세의 나이로 경덕궁(경희궁)에서 즉위하니 조선 20대 국왕 경종입니다.

경종이 즉위한 직후, 선왕 숙종이 희빈 장씨의 작호를 거두지 않았고 천장과 망곡례를 허가했던 것은 왕세자가 즉위하고 나서 생모를 추존할 수 있도록 한 선왕의 은밀한 뜻이었으니 희빈 장씨에게 마땅히 명호

남쪽 숲에서 바라본 남행각 너머로 보이는 홍화문

(名號)를 올려야 한다는 상소가 올라왔습니다. 이에 노론이 노골적으로 극심한 반발을 하자 경종은 숙종이 승하한 지 한 달 만에 이러한 화제를 올리는 것이 해괴하다며 상소를 올린 유학 조중우를 유배 보내는 것으로 마무리하려 하였지만, 노론은 조중우에게 대역죄를 물어 사형에 처하게 했습니다. 게다가 성균관 장의(掌議: 성균관 및 지방 향교의 학생 중 으뜸가는 사람) 윤지술은 이이명이 지어올린 '숙종대왕 묘지문(墓誌文)' 중 신사년(1701년)의 일은 숨기고 쓰지 않은 일에 대하여 개정하기를 청할 뜻으로 발론(發論)하였습니다. 윤지술은 숙종이 장씨를 죽인 신사년의 처분은 "국가 만세를 염려한 데에서 나온 빛나는 업적이니, 선왕의 성덕(盛德)과 대업(大業)이 사라지지 않도록 기록으로 남겨야 한다"는 주장을 하였습니다. 다시 한 번 왕의 생모를 모욕하고 경종의 가슴에 못을 박는 사건이었지요.

그와 동시에 노론은 숙종의 계비 인원왕후를 등에 업고 경종에게 숙빈 최씨의 아들 연잉군을 왕세제로 책봉할 것을 종용하였고, 왕세제 책봉이 끝난 직후 왕세제 대리청정을 주장해 경종이 정치에서 물러날 것을 요구했습니다. 이로 인해 ❀신임사화(辛壬士禍)가 발발하여 노론이 숙청되었고, 경종은 비로소 1년 전에 그의 생모를 모욕한 윤지술에게 사형을 내릴 수 있었습니다. 1722년 경종은 생모 장씨를 옥산부대빈에 추존하였습니다. 그리고 희빈 장씨를 왕비로 추숭하려 하였으나, 재위 4년만인 1724년 8월 20일 밤에 갑자기 배와 가슴이 조이듯이 아픈 증세를 일으키고 극심한 구토와 설사를 하다가 8월 25일 새벽 37세로 훙서(薨逝)하여 끝내 뜻을 이루지 못했습니다.

경종이 특별한 병증이 없이 급서하였기에 영조는 재위 기간 내내 경

금천에서 바라본 문정전 남쪽 영역

종 독살에 대한 의혹에 시달렸고, 결국 이는 영조가 왕이 된 후 자신의 아들 사도세자를 죽음으로 몰고 가게 한 빌미가 되었습니다. 영조로서는 이 독살설에 대한 명확한 해명을 할 수 없는 가운데 다시 정국은 소용돌이 쳤고, 이인좌의 난 등 크고 작은 난이 일어났습니다.

경종이 죽고 영조가 즉위함으로써 노론의 천하가 되자 민진원은 장

✿ 신임사화 : 경종 재위 1년(1721)부터 2년(1722) 사이에 일어났던 정치적 분쟁으로 연잉군(후에 영조)을 왕세제로 책봉하는 문제를 둘러싸고 일어난 노론과 소론의 싸움이다. 신임옥사(辛壬獄事)라고도 부른다. 병약했던 경종은 즉위 후 1720년부터 1722년까지 친정을 하였고, 그 후 붕어(崩御)할 때까지 2년간 이복동생 연잉군이 왕세제 신분으로 대리청정을 하였다.

씨를 인현왕후 폐위와 죽음의 장본인이자 3대 환국(기사환국·갑술환국·신임사화)의 원흉으로 지목하였습니다. 그리고 숙종이 인현왕후를 복위시키고 희빈 장씨를 처치(處置)한 일이 '중도(中道)를 얻었고 의리가 크게 밝혀졌으니 큰 업적'이라고 말할 만한데, 경종이 왕위에 오른 뒤에 인정으로 사친(私親: 경종의 친모 희빈 장씨를 말함)을 높이고 싶은 마음이 있었겠지만 아버지가 내친 어머니를 높이 받드는 것은 있을 수 없는 일이라고 말합니다. 또 경종이 비록 사사로운 인정으로 예의에 벗어나는 일이 있을지라도 진실로 극력 간쟁(諫爭)하는 것이 당연하고, 더구나 대행대왕(大行大王: 경종)께서 먼저 제기하지도 않았었는데, 역적들이 아첨하여 앞장서고 주청하여 숙종으로 하여금 예의에 어긋난 예(禮)를 이루도록 하였으니, 당장은 아니더라도 응당 다시 의논해야만 할 부분이라고 했습니다.

영조는 자신이 즉위하자마자 선왕 경종이 한 일을 뒤집는 것이 민망했던지 "이 일은 중대하므로 의논할 수 없다. 《선원보략(璿源譜略)》의 일을 가지고 관찰하면(선원보략에 희빈의 작호를 그대로 쓴 일) 성고(聖考: 숙종)의 뜻을 알 수 있다. 그리고 지난번에 추숭(追崇: 경종이 생모 희빈 장씨의 존호를 올린 일) 한 것도 지나치지 않았으니, 지금 비록 예를 아는 사람이 있을지라도 결코 제기할 수 없을 것이다"라고 말해 물리쳤습니다.

다시 민진원은 경종이 희빈 장씨를 욕보인 "윤지술을 사형시킨 것은 실로 옛날에 없었던 원통한 일이며 인륜을 지키려다가 화(禍)를 참혹하게 당하였으니, 대행대왕의 처분이 지정(至情)에 치우쳐 중도(中道)를 지나쳤을지라도, 지금은 칭찬하고 은전이 있어야 한다"고 말했습니다.

이에 영조는 "오래 된 뒤에는 의논할 수가 있겠으나, 지금은 너무 성

166

급하다. 비록 박태보의 정충(貞忠)으로도 오히려 즉시 포장(褒獎)하고 추숭(追崇)함을 얻지 못하였다. 윤지술의 절의(節義)가 비록 칭찬할 만하더라도 대행조(大行朝)에서 이미 가엾이 여기는 은전이 없었는데 지금에 와서 추숭하고 포장하는 것은 혹 너무 이른 듯하다" 하고 회피하였습니다.

영조로서는 자신의 즉위 과정에서 노론의 힘을 받기는 했지만 국왕으로서의 정국 운영에 있어서 지나친 편당에 의한 싸움을 경계할 수밖에 없었습니다. 영조는 이후 당파를 무시하고 인재를 고루 등용하려는 ✿탕평을 선언하였으나 결코 쉽지 않았습니다.

✿ **탕평** : 고대 중국의 고전으로, 오경(五經) 중 하나인 《서경書經》의 홍범(洪範) 조항에 있는 글귀 '무편무당왕도탕탕 무당무편왕도평평(無偏無黨王道蕩蕩 無黨無偏王道平平)'에서 비롯한 말이다. 치우치거나 무리 짓지 아니한다는 불편부당(不偏不黨)이 왕의 길, 즉 왕도(王道)에 탕탕하고 평평한 덕성을 가져온다는 뜻이다.

8

환경전과 경춘전에서 생활하다

함인정에서 바라본 환경전과 경춘전입니다.

'환경(歡慶)'은 '기쁘고 경사스럽다'는 이름입니다. 함인정에서 북쪽으로 마주보이는 환경전(歡慶殿)은 침전으로 사용된 건물입니다. 〈동궐도〉에는 환경전의 남쪽·서쪽·북쪽에 행각을 두르고 동쪽에 담장을 둘러 독립된 구역을 설정하였으나, 현재는 주변의 부속 건물도 모두 없어진 채 주 건물만 남았습니다. 왕이나 세자 등 주로 남자들이 사용했던 공간으로 중종과 소현세자가 이곳에서 승하했습니다.

환경전 영역

환경전 뒤편의 고즈넉한 겨울 정경

　중종 39년(1544) 11월 15일, 환경전 소침(小寢)에서 중종이 승하하였을 당시 내의녀(內醫女)였던 대장금(大長今)이 이곳 환경전에서 중종을 시침했을 가능성도 있습니다. 대장금에 대한 기록은 《중종실록》에 여러 차례 언급되고 있으며, 실제로 중종이 대장금을 많이 신뢰하고 진료를 의뢰한 것으로 보입니다. 당시 실록 기사에 의하면 대비전과 중궁전에서도 대장금에게 진료하도록 하였고, 그 공로로 인해 상을 받았습니다.

● 중종 39년(1544) 1월 29일 1번째 기사

정원에 전교하였다. "내가 접때 감기가 들어 해수증(咳嗽症)을 얻어서 오래 시사(視事)하지 못하였다. 조금 나아서 경연을 열었더니, 그날 마침 추워서 전의 증세가 다시 일어났다. 의원 박세거와 홍침 및 내의녀 대장금과 은비 등에게 약을 의논하라고 이미 하유(下諭)하였거니와, 이 뜻을 내의원 제조에게 이르라. 또 중화(中和: 2월 1일)의 주물(晝物: 특별히 바치는 반찬)도 멈추라."

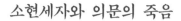

소현세자와 의문의 죽음

　인조의 장자 소현세자(昭顯世子)는 병자호란이 끝난 후 심양에 인질로 끌려가 약 8년간 청에 머물렀으며, 인조 23년(1645) 완전히 귀국하였습니다. 청은 세자가 머물던 심관(瀋館)을 조선 정부를 대리하는 현지기관으로 간주했습니다. 반면 조선에서는 소현세자가 청나라에서 독립된 정치권을 행사하고 청의 황실과 친분을 맺는 것을 매우 경계하였습니다. 소현세자는 인질로 청에 들어가 있는 동안 두 차례 고국을 다녀갔

소현세자는 귀국 후 환경전에서 의문의 죽음을 맞이했다.

습니다. 한 번은 인조 18년 왕의 병세가 심해서 청이 특별히 귀국하도록 해준 것이고, 두 번째는 4년 뒤 부친상을 당한 세자빈 강씨와 함께 다녀갔습니다.

세자가 서울에 들어오자 도성 안의 조사와 유생·기로·군민들이 모두 나와 마중하였습니다. 의주에서 서울로 들어오는 길목인 양철평(은평구 녹번동)에서부터 홍화문에 이르기까지 길거리를 메워 앞뒤가 완전히 닿았으며, 절하고 눈물을 흘리는 자들도 많았다고 합니다.

● 인조 22년(1644) 1월 20일 1번째 기사
세자가 서울에 들어왔다. 도성 안의 조사(朝士)와 유생·기로(耆老)·군민(軍民)들이 모두 나와 마중하였는데 양철평에서부터 홍화문까지 길거리를 메워 앞뒤가 완전히 닿았으며 절을 하고 눈물을 흘리는 자들도 많이 있었다.

이때 세자와 세자빈은 한 달 가량 서울에 머물렀는데 세자빈 강씨는 부모를 뵙는 예를 끝내 이루지 못하고 심양으로 돌아가고 말았습니다. 인조가 허락하지 않았기 때문입니다.

소현세자는 북경으로 들어가 명이 멸망하고 청이 중국을 완전히 장악한 것을 직접 목격하였습니다. 세자는 북경에서 70여 일 머무는 동안 독일인 신부 아담샬(Adam Schall)과 친교를 맺고 서구의 천문·수학·천주교 서적은 물론 여지구(輿地球: 지구의)와 천주상을 전래받았습니다.

인조 22년(1644) 11월 북경이 함락되면서 소현세자는 조선에 영구 귀국해도 좋다는 청의 허가를 받았습니다. 그리고 이듬해 2월 18일 서울에 입성했습니다. 그러나 서울에 돌아온 지 두 달 뒤인 4월 26일 환경전에서 소현세자는 갑자기 사망하게 되고, 인조는 서둘러 세자의 장례를

함인정과 환경전

치르게 했습니다. 소현세자의 갑작스런 죽음은 당시 사대부들에게 많은 의혹을 남겼습니다.

그러나 무엇보다 우리가 뼈저리게 안타까운 것은 조선이 선진문물을 스스로 받아들이고 동아시아에서 앞서나갈 수 있는 절호의 기회를 소현세자의 죽음과 함께 날려버렸다는 사실입니다. 조선이 강제로 국가의 문호를 개방하여 서양문물을 받아들인 것은 그로부터 230여 년 후인 고종 13년(1876)의 일이고, 일본이 개방은 조선보다 22년 앞선 철종 5년(1854)의 일이었습니다. 조선은 일본보다 200년 이상을 앞서 개국의 기회를 갖고서도 권력투쟁의 음모에 빠져서 하늘이 준 기회를 놓치고 말았고, 결과는 조선 말 일본의 침략으로 망국의 길로 접어들었습니다.

❖ 소현세자의 죽음에 대한 의혹

병자호란이 끝난 후 인조의 두 아들 소현세자와 봉림대군, 그리고 척화론자인 삼학사 (홍익한·윤집·오달제)가 인질이 되어 청으로 끌려갔다. 청나라에 볼모로 끌려간 소현세 자는 심양에서 실제로 조선의 대외 창구 역할을 했는데, 인품과 업무 처리가 뛰어나서 칭 송이 자자했다. 하지만 그러한 소현세자의 명성은 오히려 인조를 자극했다. 청나라에서 심심찮게 국왕 교체설도 흘러나오면서 소현세자의 위상이 올라갈수록 인조의 정치적 입 지는 점점 좁아졌다. 이런 상황에서 인조는 점차 아들을 불신하게 되었다. 소현세자가 볼 모에서 석방되어 1645년 2월 조선으로 귀국하였으나, 세자가 청나라에 대해 친청의 뜻을 보이자 인조는 분노했다. 소현세자의 친청 자세는 곧 인조의 치욕적인 상처에 대한 도발 이며 왕권에 대한 도전이었다.

귀국한 소현세자가 병을 얻은 것은 귀국 2개월째인 인조 23년 4월 23일이었다. 병명은 학질이었으며, 세자는 발병 3일 후 의문에 싸인 채 돌아올 수 없는 길을 떠났다. 소현세자 가 병자호란 후 청에 8년간을 볼모로 잡혀 있다가 고국으로 돌아온 34세의 나이였다.

소현세자가 죽자 조정은 세자 책봉 문제로 시끄러웠는데, 사림은 소현세자의 아들 석 철을 세손으로 책봉해야 된다고 하였으나, 인조는 이 의견을 물리치고 둘째아들 봉림대군 을 세자로 책봉했다. 인조는 또 소현세자가 죽은 뒤 세자빈 강씨가 세자를 독살하고 인조 의 후궁 소용 조씨를 저주했다는 소문을 이유로 세자빈과 그녀의 친족들을 죽이고, 소현 세자의 세 아들은 제주도로 유배 보냈다. 이후 유배 간 세 아들 중 장남 경선군과 차남 경완군은 제주도에서 풍토병으로 죽고 막내 경안군만이 살아남았다. 제주도로 유배를 보 낼 당시 경선군이 열두 살, 경완군이 여덟 살이었고 막내 경안군은 네 살이었다.

소현세자의 아들 경선군과 경완군이 제주도에서 죽자, 세인의 비난이 거세졌다. 이에 인조는 손자들이 유배될 때 따라가 그 시중을 들던 나인들을 잡아다가 문초하고 장살하는 것으로 여론을 무마시키려 했다. 그러나 인조가 아들과 며느리를 죽이고 손자들마저 죽게 했다는 소문은 사라지지 않고 계속 퍼져 나갔다. 인조는 광폭한 성격으로 왕재로서의 덕 망도 없었을 뿐 아니라 자신의 왕위를 위해 혈육을 처단하는 잔혹함은 그 예를 찾기 어려 웠다. 세자빈 강씨의 시호가 복권된 것은 숙종 때에 가서였다.

소현세자의 동생 봉림대군은 청에 볼모로 끌려가 있을 때부터 형과는 다른 관점을 지 니고 부왕 인조와 대립하지는 않았지만, 무엇보다 세자의 죽음 이후에 자신에게 찾아온 왕권 계승 앞에서 소현세자 일가족의 억울한 죽음을 모르는 척해야만 했다. 봉림대군은 효종으로 즉위했다.

자경전 터에서 바라본 환경전 뒤편입니다.

환경전 뒤편의 살구꽃 핀 봄

환경전 뒤편의 여름

환경전 뒤편의 가을

환경전 뒤편의 겨울

환경전의 서편에 있는 경춘전(景春殿)은 원래 대비전으로 쓰인 건물로 소혜왕후, 인현왕후, 혜경궁 홍씨 등이 사용했던 여자들의 공간입니다. 정조와 헌종이 이곳에서 태어났고, 숙종의 계비 인현왕후와 혜경궁 홍씨가 이곳에서 승하했습니다. 《궁궐지》에는 정조가 '탄생전(誕生殿)'이라는 현판을 이곳 남문에 직접 써서 걸었다고 적고 있습니다.

경춘전

정조가 태어난 곳, 경춘전

　　정조는 영조 28년(1752) 창경궁 경춘전에서 사도세자의 둘째 아들로
태어났습니다. 태어나기 전 해에 사도세자는 침실로 용이 들어와 여의
주를 희롱하는 꿈을 꾸었고, 사도세자는 꿈에 본 용을 흰 비단에 그려
경춘전 동쪽 벽에 걸어두었다고 합니다. 사도세자는 혜경궁에게 이 꿈
은 아들을 얻을 꿈이라고 말했는데, 혜경궁은 이듬해 9월 정조를 낳았
습니다. 정조는 경춘전을 보수하고(정조 7년, 1783) 〈경춘전기〉에 자신이
태어난 곳을 기념하기 위하여 '탄생전'의 글을 써서 문미(門楣)에 걸고
기문(記文)을 기록하였다고 적고 있습니다. 아버지 사도세자가 거처하

환경전 뒤편에서 바라본 경춘전

던 경춘전의 옛 모습을 남겨두기 위하여 서까래 몇 개를 교체하고 초
석을 바르게 하여 비가 새지 않을 정도로 마무리하였다고 했습니다.
또 아들은 동벽에 걸린 사도세자가 그린 그림을 바라볼 때마다 눈물을
쏟았다고 합니다. 순조가 지은 〈경춘전기〉에는 옥으로 장식한 탄생전
의 현판은 남쪽 문 위에 걸었으며, 정조가 지은 〈경춘전기〉 현판은 북
쪽 문 위에 걸었다고 합니다.

경춘천 뒤편 화계의 봄입니다.

9

통명전과 양화당, 왕비의 공간

함양문 쪽에서 통명전과 양화당이 한눈에 내려다보입니다.

통명전(通明殿)은 창경궁의 중궁전(中宮殿)입니다. 통명(通明)은 '통달하여 밝다'는 뜻입니다. 통명전의 이름에는 경복궁의 '교태전'이나 창덕궁의 '대조전'처럼 양(日)과 음(月)이 서로 소통하여 왕세자의 탄생을 기다리는 은밀한 의미가 숨겨 있습니다. 통명전에는 용마루가 없는 무량

통명전 앞의 소나무

각 지붕에 잡상이 세 개씩 얹혀 있고, 넓은 월대와 드므를 배치해서 격식을 갖춘 건물로 앞마당에는 박석을 깔았습니다.

통명전은 왕비나 대비를 위한 공식 행사를 치르던 중요한 공간으로 잔치를 열고 존호를 올리거나 가례를 올리는 일이 모두 이곳에서 이루어졌습니다. 《한경지략》에 "통명전에는 원래 푸른 기와를 덮었는데 정조 때 화재로 탔다. 전하는 말로는 고려 때 건물이었다고 한다"고 적고 있어서 통명전이 본래 청기와를 덮었고, 고려의 이궁 터에 세웠음을 알 수 있습니다. 명종비 인순왕후 심씨가 이곳에서 승하했고, 숙종 때 희빈 장씨가 중궁전 인현왕후를 모해하기 위해 통명전 일대에 저주물을 묻었다는 일로 죽임을 당했습니다.

통명전의 드므

188

통명전 현판

통명전 대청 우물반자의 연화문

통명전의 월대와 드므

통명전 마루에 앉아서

통명전 마루에 앉아 잠시 쉬어가는 것도 좋겠습니다. 이른 봄 이곳에서 감상하는 환경전 뒤편 살구나무 꽃도 아름답고 봄이 무르익을 무렵 경춘전 뒤편 화계의 경치가 눈부시게 화려합니다. 그리고 안으로 들어가서 통명전 대청마루에 앉아 쉬어갈 수 있다면 더 좋겠습니다. 통명전은 바깥에서 바라보는 모습보다 그 안에서 내다보는 경관이 더 아름다운 전각입니다. 왕비의 거처답게 주변을 아름답게 꾸며놓아 우리가 지금 즐기는 풍광을 그 옛날 왕비께서도 즐기셨으리라 생각합니다.

통명전 대청의 문고리

통명전 대청마루에 앉으면 뒤편의 화계가 시원하게 들어옵니다.

통명전 내부에서 바라본 경춘전 뒤편 화계

통명전 서편 온돌방에서 바라본 화계

하엽과 연주문으로 장식한 통명전 연지와 괴석입니다.

연지와 열천

　　통명전 서쪽에는 매우 아름다운 지당(池塘)이 하나 있습니다. 성종 16년 통명전 옆의 연못에 설치한 수통을 구리로 만들었는데, 임금이 사치하다 하여 철거하게 하고 돌로 대치하였다는 실록 기사로 보아 이 연못이 성종 때부터 있던 것을 알 수 있습니다. 연지를 두르고 있는 돌난간은 하엽(荷葉)과 연주문(連珠紋)으로 한껏 치장을 한 동자석과 안상(眼象)을 새긴 판석으로 꾸며져 있습니다. 그리고 주변 바닥에 박석까지 깔려

연지의 돌다리

있고 연지로 흘러드는 물길은 수로를 따라 수조로 연결되어 있습니다. 둥근 그릇 모양으로 판 작은 웅덩이에 물이 고였다가 긴 대롱처럼 조각한 수로를 통해 연지로 흘러들게 하고 있습니다.

그 물길을 따라 잠시 뒤쪽으로 가보니 통명전 뒤편의 굴뚝 옆에 뚜껑 덮인 우물이 있는데, 그 위의 석축에는 '열천(洌川)'이라 새겨 놓았습니다. '차가운 샘'이라는 뜻으로 통명전 뒤뜰의 샘이 맑고 시원하다는 의미로 써 놓은 것입니다. 열천의 양옆에 있는 돌은 윗부분의 구멍 흔적으로 보아 여기에 기둥을 세워 열천에 지붕을 씌웠을 것으로 추측됩니다.

《영조실록》에는 이 샘의 이름을 정한 기사가 보입니다. 영조 33년 5

통명전 연지의 수로

200

통명전 뒤편에 있는 열천

월 29일 기사에는 "통명전 곁에 샘이 있는데, 이름을 열천으로 부르도록 하라 하고, 소지(小識)를 불러주어 쓰게 하고, 통명전에 걸게 하였다"고 적고 있습니다.

또한 석축의 맨 윗단에도 열천으로 빗물이나 오수가 스며들지 못하도록 머릿돌의 양옆으로 홈을 파서 빗물이 석축을 타고 샘으로는 직접 흘러들어가지 않도록 해 놓았습니다. 그리고 이 열천의 물이 연지 위쪽의 둥근 웅덩이에 고여서 대롱을 따라 못으로 흘러가게 물길을 만든 것입니다.

그리고 연지의 가운데에는 돌다리를 두어 사람이 건널 수 있게 하였는데, 아래의 못에 괴석을 놓아 다리를 건너는 사람이 물속의 선경(仙境)을 구경하는 느낌이 들게 하고 있습니다. 다리 남쪽의 못에는 온갖 문양

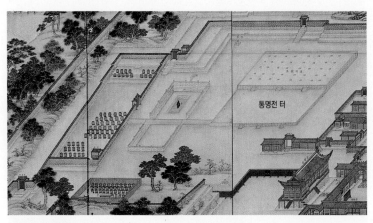

〈동궐도〉에 보이는 연지

으로 치장한 높다란 대 위에 화려한 연꽃을 조각해서 올려놓아 마치 물속에서 피어난 한 송이 연꽃을 연상하게 합니다. 옛 사람들은 이렇게 아름다운 연지를 왕비의 처소인 통명전 옆에 두었군요. 다른 궁궐의 중궁전에서는 찾아볼 수 없는 세상에서 가장 아름다운 지당입니다. 홍화문을 지나 물길을 건널 때, 옥천교의 조각이 창덕궁의 금천교에 비해 치장이 덜하더니 마치 그 간결한 구조가 이렇게 화려한 연지를 숨겨두고 우리를 깜짝 놀라게 하기 위한 반전이었다는 생각을 하게 됩니다. 결국은 한동안 연지의 아름다움에 빠져 눈을 뗄 수가 없었습니다.

연지를 지나 통명전 뒤편으로 돌아가면 열천이 있는 석축과 연장하여 화계를 조성하고 좁은 뒤꼍 공간을 꾸미고 있습니다. 경복궁의 교태전 뒤편 아미산에서 느끼는 여유 있게 펼쳐 보이는 화사함은 아닌데 연지의 빼어난 아름다움에 마음이 설렌 후라서인지 오히려 아늑하고 한가한 느낌이 들어서 더 좋습니다.

통명전 연지 전경

연지에 피어난 연화 조각

연지 주변의 하엽 장식

양화당(養和堂)은 통명전의 동쪽에 있는 전각으로 임금의 편전으로 쓰이기도 하고 왕비의 생활공간으로도 쓰인 집입니다. '양화(養和)'는 '조화로움을 기른다'는 뜻입니다. 왕비의 생활 공간이므로 부덕을 갖춘 왕비로서 심신을 조화롭게 가꾸라는 의미였겠지요. 그리고 양화당 대청의

양화당

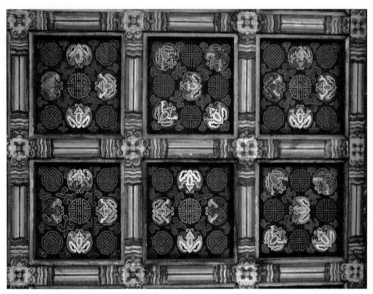

양화당 대청 우물반자의 박쥐 문양

천장 우물반자에는 오복(五福)을 기원하는 박쥐 문양이 그려져 있습니다.

인조 14년(1636) 병자호란 후 삼전도에서 굴욕적인 항복을 한 인조는 청나라 군사가 돌아가자 남한산성에서 창경궁으로 돌아와 이곳 양화당에서 거처했습니다. 실록에는 인조 21년(1643) 3월 25일 청사(淸使)가 한성에 들어왔는데, 인조가 병으로 교영(郊迎: 성문에 나가 맞이함)하지 못하였으며, 양화당에서 접견하고 칙서를 받아 읽어보았다고 적고 있습니다. 인조가 양화당에서 거처할 당시의 아픈 심정을 생각하면서 나라의 힘들었던 역사를 되짚어 봅니다. 양화당 맞은편의 함인정에 걸린 '숭정기원후'라는 연대기가 새삼 마음에 와 닿는 공간입니다.

철종비 철인왕후가 고종 15년(1878) 이곳에서 승하했습니다.

오랜 세월의 흔적이 묻어나는 양화당 복도 난간과 처마선입니다.

통명전과 양화당 뒤편의 화계입니다.

10 영춘헌과 집복헌, 정조와 사도세자

환경전 뒤편에서 바라본 집복헌과 영춘헌입니다.

영춘헌과 집복헌

양화당 동쪽으로 자경전 터 계단이 있는 곳에 작고 소박한 건물, 영춘헌(迎春軒)과 집복헌(集福軒)이 위치해 있습니다. 〈동궐도〉에는 영춘헌과 집복헌이 독립된 별개의 건물고 그려져 있으나, 현재의 두 건물은 서로 맞닿아 있습니다. 남향인 동쪽 건물은 영춘헌이고 서쪽으로 5칸의 행각이 연결된 곳은 집복헌입니다.

《동국여지비고》에 "영춘헌은 집복헌 동쪽에 있는데 정종(정조의 처음

영춘헌

묘호)이 자궁(慈宮: 혜경궁 홍씨)을 모시던 곳이다. 정종이 여기서 승하하였다"라고 하였으므로 원래 정조가 어머니 혜경궁 홍씨를 위해 지은 집인데, 통명전 북쪽에 자경전(慈慶殿)을 지어 혜경궁을 모신 후에는 정조가 기거하던 곳입니다. 정조는 후궁 수빈 박씨를 총애하여 집복헌으로 출입할 때 영춘헌에서 독서를 하고 집무도 보았습니다. 왕의 집무실로 사용했다고 보기에는 너무나 소박한 건물입니다. 정조는 1800년 영춘헌에 기거하다가 승하하였으므로 정조의 죽음에 대한 의혹이 남아 있는 곳이기도 합니다. 이곳 영춘헌과 집복헌의 동쪽으로는 궁녀들의 거처로 사용되던 작은 전각들이 밀집해 있었습니다.

영춘헌 영역에서 바라본 북행각과 전각 흔적을 보여주는 주춧돌

홍화문 북행각의 광덕문

영춘헌의 서행각인 집복헌에서는 영조 11년(1735) 1월 21일 사도세자 (思悼世子, 1735~1762)가 태어났습니다. 사도세자 이선(李愃)은 영조의 둘째 아들로 정조의 생부입니다. 흔히 사도세자 또는 장헌세자로 더 잘 알려 져 있습니다. 당시 영빈 이씨가 연달아 다섯 명의 옹주를 출산하자 대 신들은 아들을 얻지 못한 임금께서 실망하고 지나치게 염려할까 두려 워하여 각기 위로의 말을 하면서 하늘과 명산(名山)에 기도하면 어떻겠

5칸의 서행각으로 연결된 집복헌

느냐고 제안하기까지 했습니다. 그런 기다림 끝에 드디어 영빈 이씨가 왕손을 낳았습니다.

사도세자는 영조의 첫 아들 효장세자(진종)가 죽은 지 7년 만에 태어난 귀한 왕손이었습니다. 영조 나이 마흔 둘에 얻은 늦둥이인데다 오랫동안 왕실이 기다리던 왕자였으니 영조의 총애는 이루 다 말할 수가 없었겠지요. 게다가 세자 이후 다른 아들이 태어나질 않았기 때문에 영조에게는 사실상 고명아들이나 마찬가지였던 귀한 아들입니다. 세자가 읽을 책을 왕이 직접 필사했다니 그 아들에 대한 사랑은 말이 필요 없었습니다.

● 영조 11년(1735) 1월 21일 1번째 기사

영빈 이씨가 원자를 집복헌에서 탄생하였다. 그때 나라에서 오랫동안 저사(儲嗣)가 없으니 사람들이 모두 근심하고 두려워하였는데, 이때에 이르러 온 나라에서 기뻐하고 즐

집복헌의 작은 마당

집복헌 뒤편 골목의 작은 문은 영춘헌 뒤편으로 연결된다.

거워하였다. 시임대신·원임대신 및 여러 재신과 옥당(玉堂)에서 모두 나아가 청대(請
對)하니, 임금이 이들을 인견하였다. 여러 신하들이 번갈아 하례하는 말을 올리니, 임
금이 말하기를, "삼종(三宗)의 혈맥이 장차 끊어지려 하다가 비로소 이어지게 되었으
니, 지금 다행히 돌아가서 열성조(列聖祖)에 배알할 면목이 서게 되었다. 즐겁고 기뻐
하는 마음이 지극하니, 그 감회 또한 깊다"하였다.

사도세자가 태어난 이 날의 실록 기사는《숙종실록》14년(1688) 10월
27일 기사에 "왕자가 탄생하였으니 소의 장씨가 낳았다"라는 짤막한
기사에 비하면 거의 호들갑에 가까울 정도입니다.

민진원은 "옛날 경종이 태어났을 때 인현왕후의 아들로 입적했는데
지금도 그렇게 해야 한다"고 말하고, "원자의 호를 빨리 정하여 종묘에
고해야 한다"는 대신들의 청은 경종이 태어났을 때 숙종이 원자 정호

216

언덕 위에서 바라본 집복헌 지붕선

를 위해 대신들과 싸우던 상황과는 너무도 다릅니다. 물론 왕의 나이도 있고 오랫동안 기다리던 삼종의 혈맥, 즉 효종·현종·숙종의 대를 잇는 왕손의 탄생은 그 의미가 남다르겠지만 말입니다.

박문수는 마치 예견이라도 하듯 노론과 소론 당쟁으로 인한 소모적인 싸움으로 어렵게 탄생한 원자가 희생될지도 모르는 경우를 염려하면서 서로 화합하여 원자를 도와 나라를 편안하게 해야 한다고 말했습니다. 그러나 세자의 탄생으로 흥분하고 잔뜩 기대에 부풀었던 그들이 겪어야 했던 파란과 갈등 또한 만만치 않게 전개되었으니 앞일은 알 수 없는 것입니다. 결국 사도세자의 죽음으로 인해 정조 때까지 그 상처는 계속되었습니다.

집복헌 뒤편 골목의 가을

경종의 생모 희빈 장씨와 영조의 생모 숙빈·최씨는 숙종을 사이에
두고 지독한 악연으로 얽힌 관계입니다. 숙빈 최씨의 발고로 희빈 장씨
가 사사되고, 경종 승하 후 영조 즉위 또한 선왕 독살설로 의심을 받아
야 했습니다.

세자가 백일이 지나자 영조는 저승전(儲承殿: 창덕궁의 낙선재 영역 근처로
추정함)에서 세자를 머물도록 명하였습니다. 저승전은 동궁의 공간으로
건양문(建陽門) 밖에 있었으며, 시민당(時敏堂) 북쪽에 있었다고 합니다.
이 저승전은 경종의 계비 선의왕후 어씨가 6년간 살았던 곳이며, 저승
전의 북쪽에는 희빈 장씨의 거처였던 취선당이 있었습니다.

세자빈 혜경궁 홍씨는 사도세자가 천성을 잃게 된 동기를 영조가 어
린 세자를 경종의 계비 선의왕후 어씨가 계셨던 저승전에 멀리 두고 거
두지 않은 일과, 세자를 돌볼 궁인으로 '두 괴이한 최상궁과 한상궁'을
들인 일을 지목하고 있습니다. 또한 희빈 장씨가 거처하던 취선당을 세
자의 음식을 준비하는 소주방으로 만든 사실에 대해 "어찌 이상한 일
이 아니겠는가"라고 말하고 있습니다. 세자를 모시는 두 상궁은 경종의
계비 선의왕후 어씨를 모시던 나인들이었습니다. 선의왕후가 승하하시
고 삼년상이 지난 후 나인들을 다 밖으로 내보냈는데, 저승전을 동궁으
로 쓰면서 다시 불러들인 것입니다. 그런데 이 무리들은 도리어 남몰래

자기들이 득세한 점을 다행으로 여기고서, 자기들 무리에게 타이르기를, "영빈이 비록 세자를 낳기는 하였으나 이는 사친(私親)이다. 군신의 의리가 있는 만큼 자주 만나게 해서는 안 된다"고 하여 모자가 만나는 데 제약을 받게 해놓았습니다. 그리하여 영빈 이씨는 자주 가보지 못하고 며칠 건너 한 번 가기도 하고, 간혹 한 달에 한두 번 가기도 하였습니다. 영조는 사도세자가 네댓 살 될 때까지는 저승전에 가서 자주 함께 자고 거처하며 사랑을 베풀었는데, 차츰 동궁에 머무는 일이 줄어들었다고 합니다.

혜경궁 홍씨는 저승전에서 세자를 모시던 나인 최상궁과 한상궁이 세자를 잘못 이끌었고, 부모와 자식 사이를 소원하게 만들었다고 말합니다. 그리고 어린 세자를 부모의 품에서 멀리 떠나보내 경종의 궁첩과 환관들에게 맡겨 키우게 했던 영조의 처분이 나중에 임오화변의 비극을 가져온 발단이 되었다고 여겼습니다.

《한중록》에서는 보모 최상궁은 '잡념이 없고 뜻이 굳세어 충성심은 있었지만 본래 성품이 시기심이 많고 음험하여 마음이 온화하거나 조용하지 못한 사람이며, 한상궁은 일을 잘 꾸며 간사스럽고 속이는 샘이 많은 인물'이라고 평하고 있습니다. 이들은 세자에게 장난감으로 병기를 만들어 어린 나인과 무예놀이를 하면서 놀게 하였다는 것입니다. "막 배우기 시작할 때, 괴이한 나인들이 그런 불길한 병기로 놀게 인도하였으니, 본래 타고난 영웅의 기상이었지만 놀음에 마음이 쏠려 놀음이 늘고 나중에는 말하기 어려운 지경에 이르렀다. 아기네(사도세자)를 너른 집에서 어른이 보살피지 않고 마음대로 자라게 해 보는 것이 궁인과 환시뿐이었으니 무엇을 배우겠는가"라고 하였습니다.

세자가 일곱 살이 되는 해 최상궁과 한상궁은 궁중에서 쫓겨났습니다. 왕에게 세자의 상태를 자세히 아뢰자, 영조는 그제야 후회를 하였습니다. 그러나 영조는 경묘(경종) 때에 있던 오래된 사람들이라 하여 그들을 차마 사형에 처하지는 못하였습니다. 이때에 화평옹주가 울면서 아뢰기를, "일이 경묘와 관계된다는 것은 그 혐의가 매우 적고, 세 종통의 혈맥은 관계된 바가 매우 큰 것인데, 어떻게 일시적으로 혐의를 없애기 위해 사직의 중함을 생각하지 않을 수 있겠습니까. 이 문제 때문에 두 궁(宮, 영조와 사도세자) 사이에는 화기가 점차 삭막해지고 있으니, 당장 통곡을 하며 세상을 버리고 싶은 심정입니다" 하며 모빈(母嬪: 영빈 이씨)에게 간절하게 간하였습니다. 화평옹주의 이 말은 경종이 승하할 때 독살설의 배후로 영조가 연루되었을지도 모른다는 억측을 씻어내고

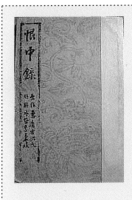

❖ **혜경궁 홍씨의 《한중록》** : 1795년, 혜경궁 홍씨가 회갑을 맞은 해 남편인 사도세자의 참변과 자신의 기박한 운명을 회상하여 자전적으로 기록하기 시작한 글이다. 총 4편으로 제 1편은 정조 19년에 친정 조카 홍수영에게 주기 위한 순수한 회고록으로 친정을 중심으로 기록하였다. 자신의 출생부터 어릴 때의 추억, 9세에 세자빈으로 간택된 이야기, 입궁 후 50년간의 궁중 생활을 회고하고 있다. 그리고 나머지 세 편은 동생 홍낙임이 순조 1년 천주교 신자라는 죄목으로 사사(賜死)당한 뒤에 손자 순조에게 보일 목적으로 홍낙임의 신원 회복을 탄원하는 글(1801년)과 정조가 생전 사도세자의 왕위 추숭을 약속했다는 주장을 담은 글(1802), 순조에게 사도세자 사건의 내막을 설명한 글(1805) 등이 주요 줄거리로 친정의 억울한 죄명에 대한 일종의 해명서이다. 즉 홍씨가 차마 말하고 싶지 않은 궁중의 비사 내막을 폭로한 것은 바로 친정아버지의 결백을 증명하기 위한 것이라고 볼 수 있다.

〈동궐도〉에서 본 동궁으로 사용했던 시민당 터와 궐내각사 영역

자 영조가 귀하게 얻은 세자를 저승전으로 보냈을 것이라는 추측을 하게 합니다. 이때 임금이 계시던 집복헌은 저승전과 거리가 멀리 떨어져 있었습니다. 1747년 영조는 세자의 거처를 경춘전(景春殿)에 옮기도록 명하였는데, 그것은 옹주의 청을 따른 것이었습니다.

1748년 화평옹주가 갑자기 병으로 죽자 두 부자가 모두 몹시 슬퍼하였는데, 세자를 위해 애쓰던 화평옹주의 죽음으로 조정의 사람들은 앞으로 세자가 위태롭다고 여기게 되었습니다. 게다가 1747년 10월 창덕궁의 행각에 불이 나서 영조가 경희궁으로 거처를 옮긴 이때부터 동궁의 놀음은 다시 시작되었습니다.

세자빈 혜경궁

사도세자는 열 살 때 노론 출신 홍봉한의 딸과 혼인하였습니다. 영조는 세자와 동갑내기인 어린 혜경궁을 보고 단번에 마음을 결정했습니다. 영조는 혜경궁을 보자 "내가 아름다운 며느리를 얻었도다. 너를 보니 네 할아버지 생각이 나는구나" 하고 기뻐했습니다. 당시 혜경궁의 집안은 비록 가난했지만 조상 대대로 조선에서 손꼽히는 명문 가문이었습니다. 장차 일국의 왕이 될 세자의 빈이 된다는 것, 그것은 조선시대 사대부가의 여인들이 꿈꿀 수 있는 최대의 지위였습니다. 뿐만 아니라 친정 집안도 왕실의 외척으로 부와 권세를 보장받을 수 있는 영광스런 자리였지요. 그러나 왕실의 외척이 된다는 것이 반드시 기뻐할 일만은 아니었습니다. 《한중록》에는 다음과 같은 내용을 볼 수 있습니다.

아버지께서는 미리 내게 경계하며 말씀하셨다. "세상 경험 없는 선비의 집이 갑자기 왕실의 외척이 된다면 이는 복의 징조가 아니라 화의 시초일 듯싶습니다." 그때 궁중에 들어오지 않았더라면 우리 집안에 재앙은 없었을 것이다. 그게 후회스럽고 한이 되는구나. 집에 머물 날이 점점 줄어들자 내 마음은 갑갑하고 슬프고 서러워 밤이면 부모님 품에서 잤다.

어린 사도세자와 혜경궁 홍씨는 이곳 창경궁에서 결혼생활을 시작했습니다. 낯선 궁궐에서 엄격한 법도를 지키며 생활해야 했지만 그래도 행복한 나날들이었고, 친정에도 경사가 거듭되었습니다. 결혼 당시 혜경궁의 친정아버지 홍봉한의 직책은 세자시강원 소속의 정9품 세마(洗馬), 최말단의 하급관리였지만 딸을 왕실로 시집보내면서 불과 9년 만에 정2품 예조판서에 이르게 되었습니다.

영조 26년(1750년) 8월 27일 왕세자빈이 원손을 낳았습니다. 사도세자의 첫째 아들 의소세손이 태어난 것입니다. 혜경궁이 궁으로 들어온 지 6년 만에 왕실의 적장자인 원손을 낳았습니다. 이듬해 왕은 첫손주인 원손 이정을 왕세손으로 책봉하였습니다. 그러나 영조의 첫 번째 손자는 세 살이 되던 해(1752년 영조 28년 3월 4일) 통명전에서 훙서했습니다. 할아버지 영조의 슬픔은 의소세손이 태어나 첫 손자에게 걸었던 기대만큼이나 컸습니다. 왕은 "몇 달 사이에 며느리를 잃고 손자를 잃었으니, 이 마음을 어디에 비유하랴?" 하고 애통해 했습니다. 영조의 맏며느리인 현빈(賢嬪)이 창경궁 건극당(建極堂)에서 향년 37세(1751년 영조 27년 11월 14일)로 훙서한 것입니다. 현빈은 열 살에 죽은 영조의 장자 효장세자의 빈이었습니다. 영조로서는 자신이 왕이 되기 전에 얻은 맏아들 효장세자에 대한 애정이 남달랐을 터이고, 또 그 아들이 죽고 나서 혼자 지내는 며느리가 애틋하여 늘 마음이 안쓰러웠을 것입니다.

그러나 영조의 큰 슬픔을 잊게 할 경사가 곧 이어졌으니 임신을 하고 있던 혜경궁이 둘째 아들을 낳은 것입니다. 바로 정조의 탄생(1752년 영조 28년 9월 22일)입니다. 영조의 기쁨은 어디에 비할 바 없이 컸습니다.

세자의 대리청정

비극은 이후 영조가 세자에게 대리청정, 즉 국무를 맡기기 시작하면서 불거져 나오기 시작했습니다. 영조 25년(1749) 1월 22일 밤, 왕이 세자에게 선위(禪位: 임금의 자리를 물려 줌)하는 일에 관한 봉서를 승정원에 내렸습니다. 그 이튿날 놀란 세자와 대신들이 임금을 알현하고 선위를 물리라는 청을 올렸으나, 왕은 또 "어린 세자로 하여금 아득히 국사(國事)를 모르는 상태에 두었다가 뒷날 만약 노론과 소론에 의해 그릇된다면 내가 비록 알더라도 어찌 일어나 와서 깨우쳐 줄 수 있겠는가? 오늘 이 거조는 뒷날에 반드시 효험이 없지 않을 것이다" 하였습니다.

《정조실록》 '어제장헌대왕지문(御製莊獻大王誌文)'에는 이 대목을 "세자가 대조(大朝)의 문 밖에 나아와서 엎드려 눈물을 흘렸다. 여러 신하들이 번갈아가며 도로 취소할 것을 청하였는데, 상은 세자더러 앞으로 나오라고 재차 명하였다. 세자가 어좌 앞에 나아가 엎드려 목메어 울면서 간곡히 청하니, 상이 이르기를, '예전부터 전례가 있던 일이니 놀라지 말라'고 하였다"고 쓰고 있습니다.

그로부터 6일 후에 익선관(翼善冠)에 곤룡포(袞龍袍)를 갖추어 입은 왕세자가 시민당에 앉아 종친과 문무백관의 조참(朝參)을 받는데, 영조는 시민당의 협실(挾室)에 나아가 그 모습을 바라보았습니다. 왕세자의 나이 15세로, 단정하게 두 손을 모으고 정중하게 앉아 있으니 뭇 신하들이 눈

여겨보았다고 합니다. 그로부터 며칠 후에 영조는 "세자가 나보다 낫다" 고 하고 박문수가 세자를 보살펴야 할 일에 대한 말을 진술하였으며, 또 며칠 뒤에는 인재를 등용하며 백성을 돌봐주는 문제로써 면대(面對)하고 하교하여 세자로 하여금 법을 따르게 하기 바란다고 하였습니다.

● 영조 25년(1749) 2월 16일 1번째 기사

임금이 환경전에 나아갔는데 왕세자가 시좌(侍坐)하였고 차대를 행하였다. 임금이 말하기를, "오늘은 곧 원량이 시좌하여 처음으로 정사를 여는 날이다. 품달하여 결정할 일이 있으면 원량에게 품달하라. 나는 앉아서 지켜보고자 한다"하고, 이어 동궁에게 이르기를, "무릇 여러 신하들이 아뢰는 일에 대하여 만약 '그렇게 하라[依爲之]'라는 세글자로써 미봉적으로 대답한다면 반드시 잘못을 저지를 우려가 있다. 의심스러운 점이 있으면 반드시 대신에게 묻고 자신의 의견을 참작한 뒤에 결정하라"하였다.

영의정 김재로가 함경 감사의 장달(狀達)에 의하여 아뢰기를, "성진방영(城津防營)은 도로 길주(吉州)에 소속시키는 것이 편리합니다"하고, 좌의정 조현명은 말하기를, "육진(六鎭)으로 통하는 길은 모두 아홉 갈래가 있는데, 길주는 요충에 해당하지만 성진은 단지 세 갈래 길만 막을 수 있습니다"하였다. 동궁이 말하기를, "방영을 비록 길주에 도로 소속시키더라도 성진에 역시 군졸이 있는가?"하니, 김재로가 말하기를, "진졸(鎭卒)이 있습니다"하였다. 동궁이 말하기를, "그렇다면 방영을 길주로 옮기는 것이 옳겠다"하니, 임금이 말하기를, "네 말이 비록 옳기는 하다만 당초 방영을 성진으로 옮긴 것은 이미 나에게서 나온 것인데, 길주로 다시 옮기는 것은 경솔하지 않느냐? 의당 먼저 대신에게 물어 보고, 또 나에게도 품한 뒤에 시행하는 것이 옳다"하였다. …(중략)… 임금이 동궁에게 유시하기를, "너는 깊은 궁중에서 태어나 안락하게 자랐으니 어떻게 임금 노릇하기가 어려운 줄을 알겠느냐? 지금 길주에 관한 한 가지 일을 보니 손쉽게 처리해 버리는 병통이 없지 않다. 나는 한 가지 정사와 한 가지 명령도 감히 방심하여 함부로 하지 않았고 조제에 고심하여 머리와 수염이 모두 허옇게 되었는데, 25년 동안 서로 살해한 적이 없었으니 너는 이를 금석(金石)처럼 지킴이 마땅하다. 임금이 신하를 부리는 도리는 그들을 모아서 쓰는 것이 옳겠느냐? 분리해서 쓰는 것이 옳겠느냐? 저 여러 신하들은 그들의 선대를 따져 보면 모두 혼인으로 맺어진 서로 좋은 사이지만 당론이 한번 나오게 되자 문득 초나라와 월나라처럼 멀어져 각기 서로 해칠 마음을 품었으니 내가 고집스럽게 조제에 힘쓴 것은 단연코 옳은 것이다. 지금 진언하는 자

226

서울대학병원 전망대에서 바라본 창경궁 북쪽 영역

들이 혹자는 말하기를, '조제하는 것이 도리어 당파 하나를 만들었다' 하고, 혹자는 '조제하는 것이 도리어 편협하다' 하며, 혹자는 '현명하고 어리석은 사람과 옳고 그름을 분별하지 않는다'라고 하는 등 그 말하는 바가 천만 갈래로 나뉘었다. 비록 감히 서로 살해하지는 못했으나 서로 살해하고 싶은 마음이 없던 적이 없었다. 오늘부터 네가 만약 신하들이 아뢰는 대로 듣고 믿어서 시원스럽게 그 말에 따르기를 지금 길주의 일과 같이 한다면 그 결과 종묘 사직과 신하와 백성들은 어떻게 되겠느냐? 한쪽은 나아가고 한쪽은 물러남이 겉으로는 시원스럽게 보이지만 살륙의 폐단을 열어 놓게 되는 것이니, 네가 이 명을 지키지 않으면 뒷날 무슨 면목으로 나를 보겠느냐? 400년 조종(祖宗)의 기업과 한 나라의 억만 백성을 너에게 부탁하였으니 너는 모름지기 나의 말을 가슴 깊이 새겨 기대를 저버림이 없도록 하라" 하였다.

위의 실록 기사를 보면 영조는 세자의 대리정무를 가르치고 이끌어 주려는 의도로 자리에 앉았지만 자신의 잣대로 볼 때 미흡한 점이 많은 세자에게 잔소리를 늘어놓고 있습니다. 영조 나이 벌써 56세의 노인이고 보니 자신이 언제 죽을지 알 수 없고 아들을 제대로 가르치려면 시간이 급하다고 생각을 했을 겁니다. 완벽주의자 부왕이 아들을 훌륭한 군주가 될 수 있도록 가르치려는 조급한 마음이 읽어지는 대목입니다. 반면 세자로서는 자신의 소신대로 하자니 눈치가 보이고 만약 부왕의 마음에 들지 않는 결정에 대해서는 길고 긴 훈계를 들어야 하니 점점 움츠러들 수밖에 없었겠지요.

혜경궁은 사도세자에 관련된 불미스러운 일들이 대리청정 이후에 일어났다고 보고 있습니다. 혜경궁은 영조가 세자를 포용하지 아니하고 질책만을 함으로써 세자는 항상 불안해했다고 말하고 있습니다.

소조는 날이 흐리거나 겨울에 천둥이 치면 "또 무슨 꾸중을 들을까?" 근심하며 염려하였다. 그런 까닭에 좋지 못한 갖가지 망령된 생각에 병환의 징조가 싹트고 있었다. 소조는 영묘(영조)의 한 번 꾸중에 놀라고, 두 번 격노에 걱정하였다. 소조께서 제아무리 크고 위대하며 똑똑한 기품이 있었다 한들 한 가지 일도 자유롭지 못하였다. 경모궁(세자)은 부왕(영조)을 점점 두려워하고 무서워하는 병이 들었다.

상소에 대하여 부왕께 여쭈면 스스로 결단하지 못하고 번거롭게 한다고 꾸중하시거나, 아뢰지 않으면 묻지 않고 혼자 결정하였다고 꾸중하였으며, 저리한 일은 이리하지 않았다고 꾸중하고 이일 저일 다 격노하시며 마땅치 않게 여기셨으며, 천변재이(天變災異)가 있어도 세자를 탓하였습니다. 이로 인하여 사사망념(邪思妄念)의 병환 징조가 싹트고 있었다는 것입니다.

사랑받지 못한 병

원손이 태어나 왕실의 기쁨으로 행복했던 시절도 잠시, 혜경궁 홍씨의 생활에 비극이 드리우기 시작했습니다. 세손을 낳고 행복감에 젖어 있던 그때, 남편 사도세자에게 정신질환의 증후가 나타나기 시작했던 것입니다.

불행히도 임신년과 계유년 사이(세자 18~19세)에 병환이 있으셨다.

결혼 당시 혜경궁 눈에 비친 사도세자는 총명하고 너그러운 인품의 소유자였습니다.

동궁의 글 읽는 소리도 크고 맑았으며 글의 뜻을 이해함에도 그릇됨이 없으니 뵙는 사람마다 동궁의 거룩하심을 일컬어 좋은 명성이 많이 떠돌았다.

그러나 세자를 대하는 부왕 영조의 태도는 서먹서먹하기 그지없었고, 아들 역시 아버지를 지나치게 두려워했습니다. 왕실의 법도가 엄격하다고는 하나 친정에서는 겪어보지 못한 상황이었습니다.

10세 된 아기네가 감히 마주 앉지도 못하였고 신하들처럼 몸을 굽혀 엎드리고 보셨으니 어찌 그리 지나치게 하셨던가 싶다.

영조는 학문을 좋아하고 매사에 부지런하고 영명(英明)한 성격의 군주였으나 감정의 기복이 심하고 사람을 대할 때 심한 편견을 가졌습니다. 이러한 편견과 집착은 영조가 자신의 출생에 대한 열등감과 그가 왕이 되는 과정에서의 굴곡, 그리고 왕이 된 후에도 그 승계의 정통성으로 겪어야 했던 혹독한 심리적 고통이 요인이 되지 않았나 생각합니다. 영조는 스스로 엄격한 잣대를 자신에게 맞추고 살았으며 자기 자식에게도 같은 잣대를 들이대고 요구했던 것입니다. 그러나 그의 아들은 불행하게도 아버지를 닮지 않았습니다.

두 부자분의 성품이 너무 달랐다. 경모궁께서는 효성이 깊고 덕량이 거룩하셨지만 행동이 민첩하지는 않으셨다.

영조는 똑똑하고 모든 일을 자상하게 살피는 성품이었지만 그의 편협한 결벽증은 아들을 미워하고 소중한 자식이 병들어가는 것을 깨닫지 못하였습니다.

정성왕후 서씨가 병중에 있을 때 세자가 극진하게 병간호를 하다가 부왕이 들어오면 방 한 구석에서 황송해 하며 엎디어 있으니 영조는 다짜고짜 세자의 흐트러진 옷매무새에 대해 불같이 야단을 쳤습니다. 모후의 병간호를 하느라 흐트러진 옷매무새와 행전 때문이었습니다. 부자의 사이는 자꾸 어긋났습니다. 그러나 지엄한 국왕과 세자 사이 갈등에서 어린 며느리이자 아내가 할 수 있는 일은 없었습니다.

차마 '아까는 저리하지 않으셨습니다'라고 말씀드릴 수도 없고, 위에서는 버릇없다고만 하시니, 내 속이 타던 것을 어디에 비하겠는가.

집복헌 서쪽

　자신이 속마음을 표현하지 못하고 그저 야단만 맞는 아들은 돌아가면 서러움에 복받쳐서 울었고 쌓이고 쌓인 마음의 상처는 화증(火症)으로 이어졌습니다.

　이 무렵부터 세자는 걸핏하면 잘 놀라는 증상을 보이는 '경계증(驚悸症)'을 보이고, 특히 천둥과 벼락이 치는 날에는 공포에 질려 어쩔 줄 모르는 '뇌벽증(雷霹症),' 옷차림새에 대한 거듭된 꾸중은 옷 입기를 두려워하는 '의대병(衣襨病)'으로 나타났습니다. 세자의 병은 점점 더해져 울화증으로 나타나 부왕에게 꾸중을 들은 날이면 억울함을 이기지 못하고 시중이나 궁녀들을 폭행하기 시작했습니다.

경진년 이후 내관과 내인이 상한 일이 많아 다 기억하지 못한다.

혜경궁 홍씨에게도 예외가 될 수는 없어서 너그럽고 온화한 평소의 성정을 잃고 점차 폭력적으로 바뀌었습니다.

소조께서 서 있는 내게 바둑판을 던져 내 왼쪽 눈이 상했다. 하마터면 눈망울이 빠질 뻔한 것을 다행히 그 지경은 면하였다.

세자가 어렸을 때부터 부왕 영조의 극심한 불신과 가혹한 꾸중으로 그의 마음에는 불안과 공포의 그림자가 드리워졌고, 그 불안감은 난폭함과 광증(狂症)으로 표출되었습니다.

아들과 아버지는 점점 더 어긋나고 아버지를 두려워하게 된 세자의 병증은 돌이킬 수 없는 지경까지 이르게 됩니다. 사도세자가 스물세 살 되는 해인 영조 33년(1757) 6월부터는 세자의 홧병이 더하여 사람을 죽이기 시작하였습니다. 내관 김한채를 죽여 머리를 매달았으며, 여러 명의 내인들을 죽였습니다. 영조 36년(1760) 이후에는 병이 더욱 심해져서 세자가 내수사의 일을 느리게 한 일로 일을 맡아보던 서경달을 죽이고, 이에 출입하는 내관 여럿도 상해하고, 선희궁에 있는 나인도 한 사람 죽였습니다. 영조 37년(1761) 정월에는 은전군의 생모인 세자 후궁 경빈 박씨를 쳐죽였고, 그해 3월에는 관서지방(평안도 지역)을 미행하였다고 말하고 있습니다.

영조 33년(1757) 2월 15일, 정성왕후가 창덕궁 대조전의 관리합(觀理閤)에서 승하하고, 3월 26일에는 대왕대비인 인원왕후(숙종 계비)가 창덕궁 영모당(永慕堂)에서 승하했습니다. 의지했던 두 분을 잃고 부왕의 싸늘한 냉대와 미움 속에서 세자는 점점 병들고 고립되어 갔습니다.

● 영조 34년(1758) 8월 1일 2번째 기사
임금이 명릉(明陵)에 나아갔는데, 융복(戎服) 차림으로 검암(劍巖)에 이르렀을 때 큰 비가 소나기처럼 내렸다. 왕세자가 어가(御駕)를 수행하다가 예후(睿候)가 편찮으니, 임금이 하교하기를, "차가운 비에 축축이 젖어서 기운이 능히 안정되지 아니한 것이다. 비록 억지로 행하고자 하더라도 예절을 행하기가 어려울 것이니, 즉시 가마를 타고 돌아가라" 하고, 돌아가서 몸을 조리하도록 명하였다.

위의 실록 기사는 영조가 인원왕후가 승하한 후 숙종과 인현왕후가 묻힌 명릉에 장례지낸 후에 능행을 가던 날의 기록입니다. 그냥 읽어보면 능행을 가는 도중에 말을 타고 임금의 어가를 따라가던 세자가 비를 맞아 몸이 편치 않게 되자, 이를 딱하게 여긴 부왕 영조가 세자에게 궁으로 돌아가 안정을 취하라는 명을 내린 것입니다. 그러나 실상은 세자는 왕대비 인원왕후가 돌아가신 후 소상을 치르도록 능소 참배를 한 적이 한 번도 없었던 것입니다. 세자를 보듬어주던 할머니였고, 세자도 그토록 의지 했던 분이었으니 어찌 묘소에 참배하고 싶지 않았겠습니까. 그러나 영조는 의도적으로 정성왕후의 능이나 왕대비의 명릉에 세자를 데려가고 싶어 하지 않았던 것으로 보입니다. 왕은 그동안 몇 차례 능행을 하면서도 단 한 번도 세자를 동행시키지 않았던 것입니다. 이는 영조의 편벽증으로 당신이 좋은 곳에 가는 길에 밉고 마땅치 않은 존재를 데리고 가기 싫었던 것으로 짐작됩니다.

혜경궁은 이 날의 기막힌 정황을 이렇게 쓰고 있습니다.

"비오는 것도 네 탓이니 돌아가라."
경모궁이 정성왕후와 인원왕후 소상 지나고, 국상 후 능소 참배 못하였으니 영조가 마지못해 능행길에 따르게 하시니라. 장마가 지루하다가 거둥 날(8월 1일) 소나기가 몹시 내리니, 영조가 "날씨 이런 것도 다 동궁 데려온 탓이라" 하시며 능에 미처 이르기도 전에 "도로 돌아가라" 하시고 당신 혼자 가시니라. 소나기를 다 맞고 돌아오다.
선희궁은 나와 마주 붙들고 눈물을 뿌릴 뿐이고 경모궁께서는 "점점 살 길이 없노라" 그 후 옷 잘 못 입고 가서 그런 일이 일어났나, 의대증이 더 심해지다.

당시 세자의 병은 더욱 심해져서 동궁에는 거의 매일 약방의 입진이 있었습니다. 그동안 세자의 병증은 점점 깊어 갔고 드디어 왕은 세자를 폐하기로 결심하였습니다. 영조 38년(1762, 사도세자 28세) 윤5월 13일, 경희궁에 머물고 있던 영조가 창경궁 휘령전(문정전, 정성왕후의 혼전)에 거둥하여 세자를 폐하고 자결할 것을 명합니다. 《영조실록》에는 임오년 그 날의 비극을 이렇게 기록하고 있습니다.

영조가 사도세자의 자결을 명한 문정전

● 영조 38년(1762) 윤5월 13일 2번째 기사

임금이 창덕궁에 나아가 세자를 폐하여 서인(庶人)을 삼고, 안에다 엄히 가두었다. 한 번 나경언이 고변(告變)한 후부터 임금이 세자를 폐하기로 결심하였으나 차마 말을 꺼 내지 못하였는데, 갑자기 유언비어가 안에서부터 일어나서 임금의 마음이 놀랐다.

사도세자의 죽음은 나경언이 영조에게 세자의 허물을 적은 흉서를 내보이는 고변으로부터 시작됩니다. 사도세자가 뒤주에서 죽기 한 달 전인 5월 22일, 영조가 나경언을 친국하고 사형에 처했습니다.

나경언은 형조에 글을 올려 환시(임금을 가까이 모시는 신하)들이 모반을 모의한다고 고하였습니다. 이를 전해들은 영조는 상을 치면서 크게 놀라 "변란이 바로 가까이에서 있게 되었으니, 마땅히 친국하겠다"라고 하고 태복시(太僕寺: 창경궁의 남쪽 모퉁이에 있는 왕의 가마나 말을 관리하는 관청)에서 친히 심문하였습니다. 이 자리에서 나경언은 동궁의 허물에 대해 적은 글을 임금께 직접 올리면서 모반의 고변은 이를 올리기 위한 방법이었다고 말했습니다. 나경언은 세자의 허물 10여 조를 낱낱이 들었는데, 영조는 이를 읽고 조정의 사모관대를 한 관리 모두가 죄인이라고 꾸짖었습니다. 나경언이 글을 올려서 자신으로 하여금 세자의 과실을 알게 하였는데, 여러 신하 가운데는 이런 일을 임금에게 고한 자가 한 사람도 없었으니, 나경언에 비해 부끄럼이 없겠느냐고 하였습니다. 세자의 장인 홍봉한이 글을 불태우기를 청하여 영조는 이를 불태웠고, 홍봉한은 급히 창덕궁으로 가서 세자에게 보고하자, 세자가 크게 놀라 홍화문(弘化門)에 나아가 엎드려 대죄하였습니다. 이때가 2경(밤 9~11시)인 한밤중이었습니다. 《영조실록》은 이날 밤의 장면을 이렇게 쓰고 있습니다.

… 한참 후에 세자가 입(笠)과 포(袍) 차림으로 들어와 뜰에 엎드렸는데 임금이 문을 닫고 한참 동안 보지 않으므로, 승지가 문 밖에서 아뢰었다. 임금이 창문을 밀치고 크게 책망하기를, "네가 왕손의 어미를 때려죽이고(세자의 후궁을 죽인 일), 여승을 궁으로 들였으며, 서로(西路)에 행역(行役)하고, 북성(北城)으로 나가 유람했는데, 이것이 어찌 세자로서 행할 일이냐? 사모를 쓴 자들은 모두 나를 속였으니 나경언이 없었더라면 내가 어찌 알았겠는가? 왕손의 어미를 네가 처음에 매우 사랑하여 우물에 빠진 듯한 지경에 이르렀는데, 어찌하여 마침내는 죽였느냐? 그 사람이 아주 강직하였으니, 반드시 네 행실과 일을 간(諫)하다가 이로 말미암아서 죽임을 당했을 것이다. 또 장래에 여

236

승의 아들을 반드시 왕손이라고 일컬어 데리고 들어와 문안할 것이다. 이렇게 하고도 나라가 망하지 않겠는가?"

"네가 왕손의 어미를 때려죽이지 않았느냐(汝搏殺王孫之母)?"

영조는 '박살(搏殺)'이라고 했습니다. 세자가 제 자식을 낳은 후궁 수칙(守則: 종6품) 박씨 빙애를 때려서 살해했던 것입니다. 사도세자는 어쩌다 실수로 한두 사람을 죽이게 된 것이 아니라 습관적 살인 행각을 벌이고 있었고, 사도세자의 참혹한 행위가 극에 달했음에도 모두 쉬쉬하고 왕에게 알려지지 않았던 것입니다. 《한중록》에 의하면 생모 선희궁 영빈 이씨의 나인도 살해당했고, 선희궁마저도 살해 위협을 느꼈다고 했습니다.

사도세자는 영조로부터 크게 책망을 받고 5월 22일, 23일은 금천교(禁川橋)에서, 24일부터 뒤주에 갇힌 윤5월 13일까지는 자신이 왕세자로서 대리청정을 하던 시민당의 월대에서 대죄를 하였습니다.

다음 날 영조는 친국(親鞫)을 파한 후, 걸어서 문안청(問安廳)에 나아가 도제조 신만의 손을 베고 굳게 누워서 일어나지 않았습니다. 실록 기사에는 "대신과 여러 신하들이 대내로 돌아가기를 굳이 청하였으나 임금이 듣지 않았고, 또 탕제를 올렸으나 임금이 듣지 않았다. 오후가 되어서 임금이 대내(大內)로 돌아갔다"고 적고 있습니다. 세자가 밤을 새우고 아침에 이르기까지 금천교 가에서 죄를 청하고, 영조는 늦은 후에야 보련(步輦)을 타고 창덕궁에 돌아왔는데 왕은 명하기를, "창덕궁의 전후 입직한 기성 당랑(騎省堂郞)을 파직하라"고 하였습니다. 당직자가 창덕궁에 잡인의 출입을 금하지 못한 때문이었습니다. 왕은 신하의 손을 베고 누워 일어나지 못하고, 또 임금의 옥체를 염려하여 탕제를 올렸으나 괴로운 심정에 탕제를 들지 못했을 것입니다. 동시에 칠순을 앞둔 예순 아홉의 늙은 아비에게 비정한 결단을 내려야만 하는 그런 파국으로까지 몰아가게 한 아들이 미웠을 겁니다.

윤 5월 13일 경희궁에 있던 영조는 창덕궁에 나아가 선원전(璿源殿)에 전배하고 창경궁으로 거둥했습니다. 왕으로서 종사를 보존하기 위해 어떤 비장한 일을 행하기에 앞서 선대의 혼령에게 고하는 의미의 행로였을 거라는 짐작을 합니다. 이때 혜경궁 홍씨는 영조가 선원전에 전배할 때 어느 문을 이용했는지 궁금해 합니다. 《한중록》에 따르면 영조는 평소 스스로 세운 몇 가지 금기를 철저히 지켰는데, 대왕 행차 시에 만안문(萬安門)으로 들어오면 별 탈이 없고, 경화문(景華門)으로 들어오면 반드시 무슨 탈이 생겼다고 합니다. 그렇지 않아도 불길한 예감이 있었는데, 왕께서 경화문으로 들어왔다고 하니 혜경궁은 사태의 비극적 결말을 짐작하고 있었던 듯합니다.

뒤주에 갇힌 세자

… 세자가 집영문(集英門) 밖에서 지영(祗迎: 기다려 맞이하다)하고, 이어서 어가를 따라 휘령전으로 나아갔다. 임금이 행례를 마치고, 세자가 뜰 가운데서 사배례(四拜禮)를 마치자 임금이 갑자기 손뼉을 치면서 하교하기를, "여러 신하들 역시 신(神)의 말을 들었는가? 정성왕후께서 정녕하게 나에게 이르기를, '변란이 호흡 사이에 달려 있다'고 하였다."

왕이 세자에게 땅에 엎드려 관(冠)을 벗게 하고 맨발로 머리를 땅에 조아리게 하고, 자결할 것을 재촉하니 세자의 조아린 이마에서 피가 흘렀습니다. 열한 살의 세손이 들어와 관과 포(袍)를 벗고 세자의 뒤에 엎드리니, 임금이 안아다가 시강원으로 보내고 김성응 부자에게 수위(守衛)하여 다시는 들어오지 못하게 하라고 명합니다. 손자에게 할아버지가 아비를 죽여야만 하는 참혹한 정황을 차마 보일 수는 없었겠지요.

임금이 칼을 들고 연달아 동궁의 자결을 재촉하니, 세자가 자결하고자 하였는데 춘방(春坊)의 여러 신하들이 말렸다. 임금이 이어서 폐하여 서인을 삼는다는 명을 내렸다. 이때 신만·홍봉한·성휘량이 다시 들어왔으나 감히 간하지 못하였고, 여러 신하들 역시 감히 간쟁하지 못했다. 세자가 곡하면서 다시 들어와 땅에 엎드려 애걸하며 개과천선(改過遷善)하기를 청하였다. 임금의 전교는 더욱 엄해지고 영빈이 고한 바를 대략 진술하였는데, 영빈은 바로 세자의 탄생모(誕生母) 이씨(李氏)로서 임금에게 밀고한 자였다. 드디어 세자를 깊이 가두라고 명하였는데, 세손이 황급히 들어왔다. 임금이 빈궁·세손 및 여러 왕손을 좌의정 홍봉한의 집으로 보내라고 명하였는데, 이때에 밤이 이미 반이 지났었다.

이날 세자는 뒤주에 갇혔습니다.《한중록》에서는 이 날의 사건을 다음과 같이 기록하고 있습니다.

영조께서 휘령전에 좌정하시고 칼을 안고 두드리시며 그 처분을 하시니라. 이 모습이 차마 망극망극하니 내 어찌 기록하리오. 서럽고 서럽도다.

신시(오후 3시~5시) 즈음 내관이 들어와 말했다, "밧소주방의 쌀 담는 궤를 내라합니다." 어쩐 말인고! 저들이 어찌 할 줄 몰라 궤를 내지 못하고 있는 가운데 세손궁이 망극한 일이 있는 줄 알고 대문 안에 들어가 아뢰었다.

"마마! 아비를 살려 주소서"

"나가라!"

대조(영조)께서 엄히 말씀하셨다. 나는 숭문당과 휘령전 사이의 건복문 밑으로 갔다. 아무것도 보이지 않고 다만 대조께서 칼을 두드리는 소리와 소조(사도세자)가 말씀하시는 소리만 들렸다.

"아버님! 아버님! 잘못하였습니다. 이제 아버님께서 하라시는 대로 다 하겠습니다. 글도 읽고, 말씀도 다 들을 것이니 이리 마소서."

내 간장은 마디마디 끊어지고 눈앞이 캄캄하니 가슴을 두드린들 어찌 하겠는가. 당신의 용맹스러운 힘과 건장한 기운으로, 아버님께서 '궤에 들어라!' 하신들 들어가지 말 것이지 어찌 들어가셨는가, 처음에는 뛰어나오려 하다가 이기지 못하여 그 지경에 이르니, 하늘이 어찌 이렇게 하셨는지. 만고에 없는 설움뿐이다. 내가 문 밑에서 목 놓아 슬피 울었지만 소용이 없었다.

영조는 뒤주에 더 두꺼운 널판을 대고 큰 못으로 못질하고 동아줄로 꽁꽁 묶게 했습니다. 다음날 뒤주를 승문원으로 옮기게 하고 뒤주 위에

사도세자가 뒤주에 갇혔을 것으로 추정되는 선인문 안쪽

풀을 덮어 무덥게 한 다음 군졸로 하여금 지키게 했습니다.

　사도세자가 뒤주에 든 뒤에 영조는 사도세자를 세자의 지위에서 끌어내리라는 명령을 내렸습니다. 하지만 아무도 나서려 하지 않아 영조는 결국 손수 폐세자의 전교를 짓고 쓸 수밖에 없었습니다. 이렇게 모든 것을 확실히 해두고도 마음을 놓지 못하고 19일에야 자신이 머물던 경희궁으로 돌아갔습니다. 영조는 돌아갈 때 적국이라도 평정한 것처럼 개선가를 연주하게 했습니다.

소조는 벌써 폐위되었으니 처자인 내가 어찌 편안히 대궐에 있겠는가. 세손을 밖에 그저 두어서 될지 어떨지 차마 두렵고 조마조마하여 그 문에 앉아 대조께 상소하였다. 나는 오라비(홍낙인)에 업히어 저승전의 차비문에 놓인 가마로 갔다. 집으로 온 나를 건넌방에 누이고, 세손(정조)은 내 중부(홍인한)와 오라버니가 모셔서 나오고, 세손빈궁은 그 집에서 가마를 가져와 청연(정조의 여동생)과 함께 들려 나왔다.

《한중록》에서는 윤5월 12일 "통명전의 대들보에서 부러지는 듯한 소리가 크게 났는데, 세자가 이 소리를 듣고 '내가 죽으려나 보구나. 이 어인 일인고…'라고 말했다"고 기록하고 있습니다. 또한 13일에는 "정오쯤에는 홀연 까치가 무수히 경춘전을 에워싸고 울었다. 이것이 어떤 징조인지 괴이하였다. 그때 세손은 환경전에 있었다. 내 마음이 몹시 급하여 세손의 몸이 어찌 될 줄 몰라서 그리로 내려가 세손에게 일렀다. '밖에 무슨 일이 있어도 놀라지 말고 마음을 단단히 먹으라!' 천만 당부하고 어찌 할 바를 몰랐다"고 말하고 있습니다. 이날 세자는 뒤주에 갇히고 그로부터 9일 만에 28세로 일생을 마감하였습니다. 그리고 사도세자가 죽던 그해 2월에 세자의 아들 정조가 김시묵(金時默)의 딸과 가례를 올렸으니, 이때 정조의 나이 11세였습니다.

사도세자의 묘지문

윤5월 찌는 듯한 더위 속에 물 한 모금 먹지 못하고 좁은 뒤주에 갇힌 사도세자는 아버지의 명으로 뒤주에 들어간 지 9일 째 되는 날 결국 한 많은 생을 마감하게 됩니다. 비정한 아버지는 아들이 들어가 갇힌 뒤주에 손수 망치질을 하고 물 한모금도 줄 수 없게 지키도록 했습니다. 병든 아들을 뒤주에 가둔 아비는 아들이 죽기를 어떤 심정으로 견뎠을까요.

그리고 영조는 아들이 죽자 그 신원을 회복시켜 '사도(思悼)'라는 이름을 내렸습니다. 흔히들 영조가 아들을 죽이고 자신의 지나친 결정을 애통하게 뉘우치는 심정으로 '사도'라는 호를 내렸다고 해석합니다. 그러나 영조가 직접 지은 ❀사도세자의 묘지문 어느 곳에도 왕의 뉘우침은 찾아볼 수 없습니다. 묘지문에서 영조는 계속 어릴 적 총명했던 아들이 학문을 등한히 하고 잘못 된 길로 빠져 들어 마음을 통제치 못하더니 미치광이로 전락하여 끝내는 만고에 없던 사변에 이르고, 백발이 성성한 칠십의 아비로 하여금 만고에 없던 짓을 저지르게 하였단 말인가 하고 통탄합니다. 그리고 13일의 일에 대해 영조는 "어찌 내가 즐거이 하였으랴. 만약 네가 일찍 돌아왔더라면 어찌 이런 일이 있었으랴" 하며 이는 종묘와 사직을 지키기 위한 조치였다고 거듭 부르짖고 있습니다.

✿ 사도세자의 묘지문

① 어제지문 유명조선국 사도세자 묘지. 사도세자는 이름이 선이고 자가 윤관으로 영조 즉위 을묘년(1735) 1월 21일 영빈의 아들로 탄생하였다. 나면서부터 총명하였고 자라면서는 글월에도 통달하여 조선의 성군으로 기대되었다. 오호라, 성인을 배우지 아니하고 거꾸로 태갑의 난잡하고 방종한 짓을 배웠더라. 오호라, 자성하고 마음을 가다듬을 것을 훈유하였으나 제멋대로 언교를 지어내고 군소배들과 어울리니 장차는 나라가 망할 지경에 이르렀노라.

② 아! 자고로 무도한 군주가 어찌 한둘이오만, 세자 시절에 이와 같다는 자의 얘기는 내 아직 듣지 못했노라. 그는 본래 풍족하고 화락한 집안 출신이나 마음을 통제치 못하더니 미치광이로 전락하였더라. 지난 세월에 가르치고자 하는 바는 태갑이 일깨워주는 큰 뉘우침이었지만, 끝내는 만고에 없던 사변에 이르고, 백발이 성성한 아비로 하여금 만고에 없던 짓을 저지르게 하였단 말인가? 오호라, 아까운 바는 그 자질이니 개탄하는 바를 말하리라. 오호라 이는 누구의 허물인고 하니 짐이 교도를 하지 못한 소치일진대 어찌 너에게 허물이 있겠는가? 오호라, 13일의 일을 어찌 내가 즐거이 하였으랴, 어찌 내가 즐거이 하였으랴. 만약 네가 일찍 돌아왔더라면 어찌 이런 일이 있었으랴.

③ 강서원에서 여러 날 뒤주를 지키게 한 것은 어찌 종묘와 사직을 위한 것이겠는가? 백성을 속이는 것일지니라. 생각이 이에 미쳐 진실로 아무 일이 없기를 바랐으나 9일째에 이르러 네가 죽었다는 망극한 비보를 들었노라. 너는 무슨 마음으로 칠십의 아비로 하여금 이런 경우를 당하게 하는고. 도저히 참을 수 없어 구술하노라. 때는 임오년 여름 윤5월하고도 21일이라. 이에 다시 예전의 호를 회복하게 하고 시호를 특별히 하사하여 사도라 하겠노라. 오호라, 30년 가까운 아비의 의리가 예까지 이어질 뿐이니 이 어찌 너를 위함이겠는가? 오호라, 신축일의 혈통을 계승할 데 대한 교시로 지금은 세손이 있을 뿐이니 이는 진실로 나라를 위한 뜻이니라.

④ 7월 23일 양중 중랑포 서쪽 벌판에 매장하노라. 오호라, 다른 시혜 말고 빈에게는 호를 하사하여 사빈이라고 하는 것으로만 그치노라. 이것은 신하가 대신 쓰는 것이 아니며 내가 누워서 받아 적게 하여 짐의 30년 의리를 밝힌 것이니, 오호라. 사도는 이 글월로 하여 내게 서운함을 갖지 말지어다. 세자는 임술년(1742)에 학문에 들어가고 계해년(1743)에 관례를 올리고 갑자년(1744)에 가례를 올려 영의정 홍봉한의 여식이자 영안위 주원의 오세손인 풍산 홍씨를 맞아들였다. 빈은 2남 2녀를 두었는데, 첫째가 의손세손이며, 둘째가 곧 세손으로 참판 김시묵의 여식이자 부원군의 5대손인 청풍 김씨와 가례를 올렸다.

⑤ 장녀 청연군주, 차녀 청선군주가 있으며 측실로 또한 3남 1녀의 자제를 두었다. 숭정 기원후 135년 임오(1762년, 영조 38년) 7월 일.

영조가 지은 사도세자의 묘지문 (국립중앙박물관 소장)

● 영조 38년(1762) 7월 23일 1번째 기사

임금이 사도세자 묘에 거둥하였는데, 이 날은 사도세자의 장례일이기 때문이었다. 임금이 친히 가서 둘러보고, 경기감사 홍계희를 잡아들이라고 명하였는데, 경기 고을의 백성들이 올라오는 것을 본 까닭에 이런 명이 있었다. 임금이 정자각(丁字閣)에 들어가 곡림(哭臨)하고 나서 임금이 말하기를, "상묘(上墓)는 언제인가?"하니, 좌의정 홍봉한이 말하기를, "미시(未時)에 상묘하고 현실(玄室)을 내리는 것은 신시(申時) 초 일각입니다"하였다.

임금이 말하기를, "13일의 일은 종사에 관계된 것이다. 그때에 비로소 아버지라 부르는 소리를 들었으니, 오늘은 아버지를 부르는 마음에 보답하려 한다. 하나는 내가 20년 부자지은(父子之恩)을 마치려 온 것이고 하나는 내가 친히 제주(題主)하고자 하는 것이다. 만약 내가 친히 제주하면 다른 날에 반드시 신주를 붙어버리자는 논의가 없을 것이다. 뒷일은 비록 경들이라 해도 어찌 알 수 있겠는가? 내가 제빈전(啓殯奠)에 참여하고자 하니, 대축(大祝)은 옥당(玉堂)에서 하고 봉작(奉爵)은 승지가 하도록 하라"하였다. 홍봉한이 말하기를, "신들도 또한 곡하는 예에 참여해야 합니까?"하니, 임금이 말하기를, "참여하라. 또한 백관도 참여하라"하였다. 신여가 묘 위에 오르자 현실(玄室)을 퇴광(退壙)에 받들었고, 홍준한·홍낙신·홍낙임 등이 관의 줄을 끌었다. 임금이 친히 제주하고, 환궁할 때에 관왕묘(關王廟)를 들렀다.

영조는 아들의 장례를 지시하고 장례일에는 사도세자 묘에 거둥하여 아들이 죽기 전 자신을 군신 관계가 아닌 아버지로 부른 혈육의 정에 대해 신하들에게 말하고 있습니다. 자신의 아들을 국가 종사를 위해 죽일 수밖에 없었으나 이후 사도세자의 죽음에 관해 또 다른 말이 나올 것에 대비해 자신이 직접 신주를 만들고 묘지문을 지어 훗날의 논쟁을 차단하고 있는 것입니다. 이는 아들이 죽고 나서 세손에게 보위를 잇게 하기 위해, 영조가 손자를 보호하려는 심중을 짐작하게 합니다. 또한 사도세자가 죽고 난 후에는 한유라는 자가 홍봉한을 공격하는 상소를 올렸는데, 그중에서 '일물(뒤주를 일컫는 표현)을 바친 죄'를 다스리라는 부분에서 영조는 '비록 홍봉한이 바쳤다고 해도 그 물건을 쓴 사람은 내가 아니더냐?'라고 하여

영조

사도세자 사후의 소모적인 논쟁을 일축시키고 있습니다.

영조는 2년 후(영조 40년, 1764) 홍화문(弘化門) 동쪽에 사도세자의 묘우를 세우라고 명하고, 수은(垂恩)이라는 묘호(廟號)를 내렸습니다.

정조의 효심과 가효당 현판

사도세자가 죽고 8월 영조는 선원전 다례 참석차 창덕궁으로 왔습니다. 혜경궁은 영조를 뵙고는 "저희 모자 보전함이 다 성은이올소이다" 하고 흐느끼며 아뢰었습니다. 영조는 가여운 며느리 손을 잡고 울며 "너 이러할 줄 생각 못하고 내 너 볼 마음이 어렵더니 내 마음을 편케 하니 아름답다" 하니, 혜경궁이 시아버지 영조에게 "세손을 경희궁으로 데려가 가르치시길 바라옵니다" 하고 아뢰었습니다. 영조가 "네 세손 보내고 견딜까 싶으냐" 하고 며느리의 마음을 헤아리자 "떠나 섭섭하기는 작은 일이요, 위를 모셔 배우기는 큰일 이올소이다"라고 말하며 세손을 시아버지인 영조에게 올려 보낼 결정을 합니다.

세손이 차마 나를 떠나지 못하여 울며 가셨으니, 내 마음이 칼로 베는 듯하나 참고 지내니라. 새벽 깨면 내게 편지하여 서연 전에 내 회답을 보고야 마음을 놓으시니라.

칼로 베는 듯한 마음을 참고 견디어내야 했던 당시 혜경궁의 심정이 잘 드러나 있습니다. 또한 혜경궁이 병이라도 나면 홀로 의관과 증세를 논하여 약을 지어 보내기를 3년을 한결같이 하였다고 하니 어린 세손 이었던 정조의 어머니에 대한 효심을 알게 하는 대목입니다.

자경전 터로 올라가는 너럭바위 계단

　　훗날 영조는 "네 효심을 오늘날 갚아 써주노라" 하며 혜경궁 홍씨에게 가효당(嘉孝堂) 현판을 옮겨 자경전 윗방 남쪽 문 위에 걸게 하였다고 합니다. 영춘헌과 집복헌 옆으로 난 너럭바위 계단을 올라가면 지금은 자경전 터에 나무만 자라고 있는 것을 볼 수 있습니다.

정조의 즉위

영조는 죽기 넉 달 전인 영조 51년(1775) 11월 20일 경희궁 집경당에 나아가 시임대신·원임대신을 불러 보고 "신기(神氣)가 더욱 피곤하니 비록 한 가지의 공사를 펼치더라도 진실로 수응하기 어렵다. 이와 같은 데도 어찌 만기(萬幾)를 수행하겠느냐? 국사를 생각하느라고 밤에 잠을 이루지 못한 지가 오래 되었다. 어린 세손이 노론을 알겠는가? 소론을 알겠는가? 남인을 알겠는가? 소북을 알겠는가? 국사를 알겠는가? … 나는 어린 세손으로 하여금 그것들을 알게 하고 싶으며, 나는 그것을 보고 싶다. … 경 등의 생각은 어떠한가?" 하고 왕이 물었습니다.

이에 홍인한이 말하기를, "동궁은 노론이나 소론을 알 필요가 없고, 이조판서나 병조판서를 알 필요도 없습니다. 더욱이 조사(朝事:조정의 일)까지도 알 필요 없습니다" 하고, 여러 대신들 또한 "성상의 안후가 더욱 좋아지셨습니다" 라고 말했습니다. 이 말은 23세의 왕세손이 왕위를 이을 자격이 없다는 뜻을 노골적으로 드러낸 말이었습니다.

영조는 참으로 분노하고 탄식하였습니다. 이때 영조는 이미 81세가 되어 몸에 병이 해마다 더 많아지고 늘 나라의 여러 가지 일들로 근심하였습니다. 다음 달인 12월 영조는 왕세손에게 대리청정을 명하였고 대리청정을 한 지 석 달 만에 왕이 승하하였습니다.

영조 52년(1776) 3월 5일에 영조가 승하하고, 6일 만인 10일에 정조가 경희궁(慶熙宮)의 숭정문(崇政門)에서 즉위하였습니다. 영조 춘추 83세, 재위 52년으로 조선의 최장수 왕이자 최장기 집권한 군주였습니다. 이날 정조는 즉위식을 마치고 선왕의 빈전(殯殿) 문 밖에서 대신들을 소견하고 "아! 과인은 사도세자의 아들이다"라고 일성을 터뜨렸습니다. 그리고 선왕께서 자신에게 효장세자를 이어받도록 명하셨지만 전일에 선왕께 올린 글에서 '근본을 둘로 하지 않는 것(不貳本)'에 관한 자신의 뜻을 알 수 있었을 것이라 하며, 예(禮)는 엄격하게 하지 않을 수 없는 것이지만 인정도 또한 펴지 않을 수 없는 것이니, 아버지 사도세자께 향사(饗祀)하는 절차는 마땅히 대부(大夫)로서 제사하는 예법에 따르고, 태묘(太廟)에 모실 수는 없다고 말했습니다. 정조는 아버지의 사당 경모궁(景慕宮)을 바로 월근문 밖 함춘원에 세워 모셨습니다.

❖ 《승정원일기》 세초(洗草) : 영조는 승하 한 달 전 영조 52년(1776년) 2월 사도세자와 관련된 《승정원일기》를 세초(삭제)하게 하였다. 사도세자의 죽음이 종통을 이어가기 위한 일이었으니 일기를 보더라도 그 글을 들추지 말라고 명하였다. 이는 생부의 죽음을 애통해 하는 손자의 청에 대한 배려였다. 영조는 아들을 죽일 수밖에 없었으나, 손자 정조로 하여금 종통을 이었으니 일기를 세초하여 자식 된 정조의 마음을 풀게 한 것이다.

사도세자의 사당, 경모궁

정조는 자신을 낳은 사도세자가 아닌 효장세자의 양자로서 왕위를 이었습니다. 영조 40년(1764) 2월 20일 영조는 선왕들의 어진을 모신 창덕궁의 선원전에 왕세손을 데리고 가서 효장세자의 양자로 삼음을 고하였습니다. 이는 영조가 손자를 효장세자에게 입적시켜 죄인의 자식이라는 굴레를 벗겨주려는 의도였으나 정조가 그 부담에서 결코 자유롭지는 못했습니다. 정조는 즉위 초에 사도세자의 죽음을 당연시하는 노론의 벽파에 둘러싸여 있었으며, 이들을 숙청하는 과정에서 암살될 위기에 처하기도 하였습니다. 정조는 즉위한 해에 효장세자를 진종(眞

서울대학교병원 내에 기단만 남아 있는 경모궁 터

宗)으로 추존하였으나, 사도세자는 왕으로 추존하지 못했습니다. 사도세자는 고종 때에 가서야 비로소 장조(莊祖)로 추존되었습니다.

경모궁에서 장조(사도세자)에게 제사 드렸을 때의 일 등을 기록한 책 《경모궁의궤》

정조는 생부 사도세자에게 존호를 추상하여 장헌(莊獻)이라고 하고, 수은묘(垂恩墓)는 영우원(永祐園)이라고 봉했으며, 창경궁 동쪽 함춘원에 경모궁을 세웠습니다. 그리고 사당을 넓게 확장하고, 세종 때 종묘에 북장문(北墻門)을 두었던 것처럼 궁(宮)의 서쪽과 원(苑)의 동편에다 일첨(日瞻)·월근(月覲)·유첨(逌瞻)·유근(逌覲) 등의 문을 두고 매월 두 차례 간소한 행차로 찾아가 살폈습니다. 정조 11년(1787) 6월 10일 《승정원일기》에는 다음과 같이 기록하고 있습니다.

> 익선관에 곤룡포를 갖추고 여(輿)를 타고 협양문(協陽門)을 나가 건양문(建陽門)을 거쳐 월근문(月覲門)을 나갔다. 유근문(逌覲門)을 거쳐 재전(齋殿)의 문밖에 이르러 여에서 내려 재전으로 들어갔다. 잠시 후에 판위(板位)에 나아가 예를 행하였다. 전내(殿內)에 나아가 봉심(奉審)하고 나서 도로 재실(齋室)로 갔다. 잠시 후에 여를 타고 월근문을 거쳐 협양문으로 들어가 대내로 돌아왔다.

정조는 즉위한 다음 해에 창경궁에서 경모궁이 바라보이는 언덕에 어머니 혜경궁 홍씨를 위한 거처인 자경전(慈慶殿)을 완성하였습니다. 경모궁의 망묘루에는 자신의 초상화를 걸어 항상 아버지를 생각하는 간절한 마음을 나타내었습니다.

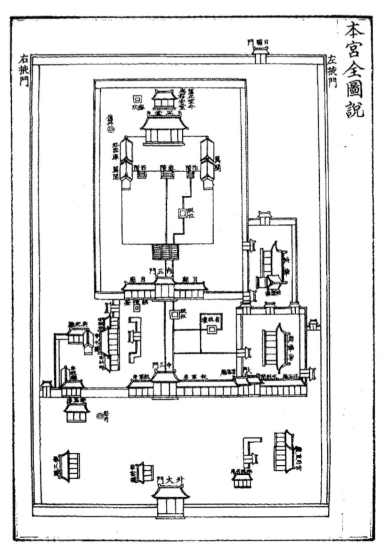

《경모궁의궤》에는 경모궁의 전각 배치도를 알 수 있는 〈경모궁전도설〉이 남아 있다.

정조 13년(1789)에 정조는 양주 배봉산에 있던 영우원을 수원의 남쪽
화산으로 옮기면서 묘역의 격을 높이고 현륭원(顯隆園)이라 칭하였습니
다. 이후 해마다 아버지 사도세자의 생신에 맞추어 현륭원을 찾아뵈었
습니다. 《정조실록》 18년 1월 20일 기사에는 정조가 현륭원에 이르러서
는 너무 슬퍼하여 몸이 상하는 지경에까지 이르니 대신들은 혜경궁에
게 정조의 능행을 말려달라고 호소하는 지경에까지 이르렀습니다.

정조는 을묘년(1795년)에 어머니를 모시고 아버지의 묘소가 있는 화
성 능행을 합니다. 이해는 두 분 부모께서 환갑이 되시는 해였습니다.
술잔을 올리고 왕이 기뻐하며 이르기를, "일찍 아버지를 여읜 나로서
믿고 우러러보는 곳이라고는 우리 자궁뿐인데 지금 이 고장에서 이 예
를 거행하게 되어 지극한 소원이 대강 풀린 셈이다"라고 하였습니다.
이때의 8일간의 화성과 현륭원 행차를 마치고 돌아와서 만든 《원행을
묘정리의궤園幸乙卯整理儀軌》는 당시의 행차를 기록한 뛰어난 자료로 남
았습니다.

그리고 5년 후 정조 24년(1800) 6월 28일 왕이 영춘헌(迎春軒)에 거둥하
여 좌부승지 김조순 등을 접견하다가 갑자기 병세가 위중해졌습니다.
왕의 병세가 이미 위독한 상황에 이르러 무슨 분부가 있는 것 같아 자
세히 들어보니 '수정전(壽靜殿)' 세 자였는데, 수정전은 왕대비 정순왕후

《원행을묘정리의궤》를 채색 복원한 장면 중에서 혜경궁 홍씨를 태운 가마

가 거처하는 곳이었습니다. 마침내 더 이상 말을 하지 못하고 정조는 48세의 나이로 승하하였습니다. 마지막 숨을 거두면서 수정전을 언급한 것은 어린 세자를 부탁한다는 의미였을 텐데, 그동안 우리가 알고 있던 정조와 정순왕후가 적대 관계에 있었다는 구도에서는 이해가 안 되는 부분이었습니다. 흔히 세간에는 정순왕후와 정조가 극심한 대립 관계였다고 알려져 있으나, ✿《일득록日得錄》에도 정순왕후를 향해 친밀한 감정을 나타내는 기록이 전하고, 정순왕후는 정조의 행록을 쓰며 정조가 자신을 극진히 공양했음을 과시하고 있습니다. 정조와 정순왕후와의 관계는 그동안 알려져 왔던 것처럼 적대 관계가 아니었던 듯합니다.

✿ 《일득록》: '매일 얻는다(日得)'라는 뜻으로, 정조가 신하들과 논의하였던 정사(政事)·평론·인물·문학 등에 대하여 한 말을 규장각에서 기록하여 펴낸 책이다. 정조의 어록(語錄)을 담은 책이다.

《원행을묘정리의궤》 중 〈봉수당진찬도奉壽堂進饌圖〉

▶《정조대왕 능행도》 8폭 병풍 중 〈봉수당진찬도〉
행차의 다섯째 날인 을묘년 윤2월 13일, 정조가 봉수당(奉壽堂)에서 혜경
궁의 회갑을 기념하여 진찬례를 올리는 장면

11
자경전 터 산책로를 걷다

통명전 연지의 다리는 자경전 산책로로 올라가는 계단과 연결되어 있습니다.

통명전 뒤편 언덕

　현재 통명전 서쪽으로는 높은 계단이 있고 계단을 올라 오른편으로 창덕궁으로 통하는 함양문이 있습니다. 창덕궁 쪽에서 함양문으로 들어서면 높은 언덕에서 창경궁 전체를 내려다볼 수 있는 곳입니다. 이곳의 지세가 이렇게 높아 진 것은 1911년 박물관을 자경전 터에 건립하면서 통명전 뒤쪽 언덕에 장대석 석축을 높이 쌓아 흙을 돋웠기 때문입니다. 통명전의 뒤편 회계가 지나치게 높아 보었던 이유가 여기에 있습니다.

통명전 서쪽 계단과 함양문

녹음이 우거진 통명전과 양화당 뒤편

언덕 위에서 바라본 비오는 날의 통명전 뒤편

통명전 뒤편 언덕의 괴석

언덕 위에서 바라보는 통명전 뒤편 봄의 화계입니다.

자경전 터 산책로의 봄

가을빛으로 물든 산책로를 따라 걷습니다.

정조의 효심, 자경전

《궁궐지》에 이르기를 "자경전은 통명전 북쪽에 있다. 정조 원년(1777)에 건립하여 혜경궁을 봉양하였다. 순조 21년(1821) 3월에 효의왕후(정조의 비) 김씨가 여기서 승하하였다"고 했습니다.

● 정조 1년(1777) 5월 16일 2번째 기사
자경당(慈慶堂)이 완성되었다. 이 당(堂)은 창경궁에 있었는데, 이때 임금이 이어(移

자경전 터

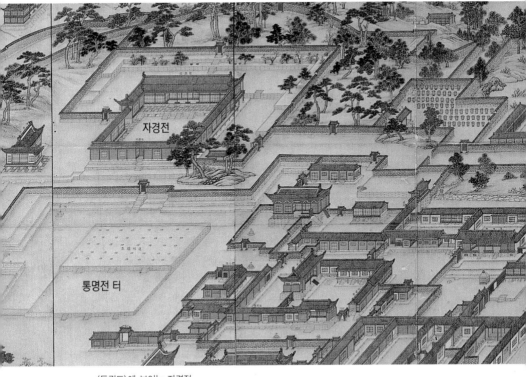

〈동궐도〉에 보이는 자경전

御)할 뜻이 있어 혜경궁을 임어하기 위하여 영건하였는데, 구윤옥을 영건당상으로 삼았다. 하교하기를, "소자가 아침저녁 시봉하는데 편리하게 하기 위해 이렇게 새로 짓는 것이니 절대로 크고 사치스럽게 하지 말아서 겸약(謙約)하게 하려는 자의(慈意)를 우러러 본받도록 하라" 하였다.

영춘헌 일곽과 양화당 북쪽 언덕에 수풀 우거진 빈 터가 있습니다. 원래 이 자리는 정조가 어머니 혜경궁 홍씨를 위해 지은 자경전(慈慶殿)이 있던 곳입니다. 자애로우신 어머니 자전(慈殿)께서 오래 사시기를 기원했던 집, 자경전입니다. 어머니 혜경궁 홍씨를 위해 돌아가신 아버지 (사도세자)의 사당 경모궁이 바라보이는 이곳에 자경전을 지어드렸던 것입니다. 자경전은 건너편의 경모궁과 서로 마주보며 남편 잃은 지어미의 슬픔을 위로해드리려는 아들의 배려로 지어진 집입니다.

순조가 지은 《자경전기慈慶殿記》에는 '자경전의 뒤에 금원(禁苑)이 있다. 그 존엄함이 거의 법전과 같다. 자전(효의왕후)이 이미 여기에 거처하니 희정(당)과 가까워 불과 수십 보 사이다'라고 했습니다. 여기서 말한 금원은 바로 환취정 부근의 아름다운 원림을 말하고 있어서 이 일대의 풍광이 얼마나 아름다웠는지 짐작케 합니다. 그리고 자경전의 규모가 법전 못지않았으며, 창덕궁 희정당에서 바로 건너와 문안을 올릴 수 있는 가까운 거리라고 밝히고 있습니다. 〈동궐도〉에 망춘문 동쪽으로 창경궁과 창덕궁을 경계하는 지점에 작은 문이 하나 있는데, 이 문이 영응문(迎鷹門)으로 바로 정조가 자경전으로 문안할 때 사용했던 문으로 짐작됩니다. 일제는 자경전 터 동쪽에 일본풍의 장서각을 세웠는데, 1992년 헐렸습니다.

❖ 창경궁 장서각 81년 만에 철거된다

창경궁의 마지막 '오욕의 상징' 장서각(藏書閣)이 81년 만에 철거된다. 1986년부터 창경궁 복원사업을 벌여온 문화재관리국은 일제의 잔재로 철거 여론이 높았던 장서각을 연말까지 완전 철거키로 했다. 문화재관리국은 지난 2월 철거 방침을 정하고도 예산이 없어 실행을 하지 못하다가 최근 5천만 원을 확보하게 됨에 따라 철거를 시작키로 하고 지난 14일 철거공사현장 설명회를 연 데 이어 19일까지 공개 입찰을 통해 시공업체를 선정키로 했다.

장서각은 1911년 일제가 조선의 기맥을 누르기 위해 창경궁의 정전(正殿)인 명정전(明政殿) 옆 자경전을 헐어내고 그 동쪽에 일본 건축양식인 천수각(天守閣)을 본떠 지어 박물관과 서고로 사용해 왔던 신식건물이다. 그동안 이왕가(李王家)박물관과 서고로 사용돼오다 81년 건물 안에 보관돼 있던 6만여 권의 장서가 정신문화연구원으로 이관된 후에는 빈 건물로 흉물처럼 방치돼 왔다. 장서각은 풍수사상에서 볼 때 이른바 좌청룡에 위치, 건축 당시부터 '조선왕조의 기맥을 끊으려는 흉계'로 시중에서 여론이 좋지 않았던 것으로 알려져 왔다.

창경궁에 동물원까지 설치, 창경원으로 격하 유원지화 했던 일제는 풍수지리상 우백호 자리인 남쪽 언덕에도 식물표본관을 지어 정전을 지키는 청룡과 백호인 두 어깨를 누르는 형상을 유지해 왔다.

대지 85평에 지상 2층 지하 1층 연건평 225평의 벽돌 건물인 장서각은 일제가 조선의 5대궁을 훼손하기 위해 지은 건물 가운데 조선총독부청사(현 국립중앙박물관)와 함께 아직까지 남아 있는 2개 중 하나이다.

장서각의 용마루 밑에는 일본 봉건 영주들이 사용하던 오얏꽃 문장이 새겨져 있어 그간 사학자들로부터 '국치의 상징이 남아 있는 오욕의 건물'로 평가돼 줄기차게 철거주장이 제기됐었다.

— 〈연합뉴스〉 1992. 10. 2. 기사 중에서

〈동궐도〉에는 장독대가 네 군데 그려져 있습니다. 통명전 터 남쪽과 서쪽, 자경전의 동쪽, 그리고 창덕궁 선정전의 서북쪽 등입니다. 장독대는 장을 저장하던 장고(醬庫)와 소금을 저장하던 염고(鹽庫)로 모두 궁중에서 생활하는 많은 사람들의 음식을 장만하는 데 필요한 장과 소금을 저장하고 관리하던 곳입니다. 그중 창경궁 통명전 터 서쪽의 넓은 장고는 지금 함양문 쪽으로 올라가는 계단 바로 아래 경사지로 짐작이 됩니

장독대가 있었을 것으로 추정되는 통명전 서쪽

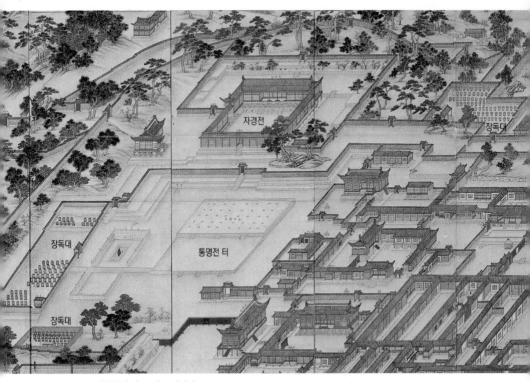

〈동궐도〉에 보이는 자경전

다. 그리고 연지 남쪽에 그려진 장독대는 담 안에 조성된 장독대들과
달리 대나무쪽을 엮어 만든 울타리로 둘러쳐져 있고, 그 안쪽으로 초가
의 염고도 보여서 궁궐의 장과 소금을 저장했던 창고가 다양한 모습을
하고 있었음을 알 수 있습니다.

자경전 동쪽의 장고 담장 안에는 장독대와 기와지붕의 염고가 있습
니다. 그런데 이 자경전 동쪽의 장고 위치는 〈동궐도〉에서 보이는 주변
풍경으로 볼 때 현재 풍기대와 해시계가 놓인 언덕으로 짐작됩니다. 담

장독대가 있었을 것으로 추정되는 통명전 뒤편 계단

장을 두르고 그 안에 기와지붕을 씌운 염고는 아마도 왕실 어른들을 위한 음식을 준비하는 데 사용되었을 것으로, 이곳 언덕이 해도 잘 들고 바람도 잘 통하니 장고의 위치로 적당했을 것으로 보입니다. 그리고 다른 궁궐보다는 생활공간이 발달된 궁궐 창경궁에서 장고의 관리를 더 잘해왔겠지요. 햇볕과 잘 들고 바람 좋은 터에 창경궁의 장고가 복원되기를 기대해보면서 그 위치를 짐작해보았습니다.

양화당 옆의 너럭바위를 지나 길고 높은 계단을 올라 자경전이 있던 언덕에 서 봅니다. 《궁궐지》에 보면 자경전은 통명전의 북쪽에 있고, 자경전의 왼쪽으로 환취정(環翠亭)이 있고 오른쪽에 양화당이 있다고 했습니다. 환취정 동쪽 언덕은 창경궁에서 가장 아름다운 곳이었다고 합니다. 정조가 어머니 혜경궁 홍씨를 위하여 자경전을 지으면서 환취정 부근의 원림이 망가졌고, 1911년 박물관 건립으로 환취정 주변의 정취

양화당과 집복헌 사이의 너럭바위에 놓인 계단

언덕 위에서 바라본 창경궁의 가을 전경

가 모두 사라졌다고 합니다. 아마도 옛 환취정 주변의 풍광이 매우 뛰
어났던 모양입니다.

　이곳 언덕에서 남쪽을 바라보면 창경궁의 전각들이 모두 한 눈에 들
어오고, 게다가 창경궁에서 가장 시원한 바람을 만날 수 있는 곳입니다.
옛날 환취정 주변의 대나무 죽림 대신에 소나무 사이로 보이는 바로 아
래 동쪽에 영춘헌과 집복헌이 있고, 그 너머 명정전 조정의 행각이 모
두 한눈에 들어옵니다.

276

눈 내리는 날 언덕 위에서 바라보는 창경궁 전경입니다.

풍기대와 괴석

풍기대(風旗臺)는 자경전 터 동남쪽 언덕 창경궁 경내를 내려다보는 위치에 서 있습니다. 바람의 방향과 세기를 측정하는 깃발을 꽂기 위한 시설물로 표면의 당초(唐草) 문양 조각이 매우 아름답습니다. 원래 창덕궁 통제문(通制門) 안에 있던 것으로 추정되는데, 해방 전 창경궁으로 옮겨왔다고 합니다.

풍기대 옆에는 해시계가 있고, 그 옆에 모든 궁궐에서 가장 아름다운 괴석이 있습니다. 이 괴석은 마치 하나의 추상조각을 보는 듯 현대적인 조형성을 보여줍니다. 옛 사람들의 눈에도 아름다우니 괴석으로 삼았겠지만, 사람이 만드는 조형작품으로 이보다 더 뛰어난 걸작을 찾기는 쉽지 않을 것입니다. 결국 인간이 어떤 행위를 통해 표현한 예술 작품이라는 것이 과연 자연이 본래 지니고 있는 아름다움에 미칠 수 있을 것인가 하는 생각을 하지 않을 수 없습니다. 결론은 자연을 손대지 않고 본래 대로 두었을 때 가장 아름답고 말 그대로 자연스럽습니다. 예술가로서 작품을 어떻게 표현해야 할지 자괴감에 빠지게 하는 돌덩이가 창경궁의 괴석입니다.

풍기대 옆의 괴석

풍기대와 해시계 왼쪽으로 추상 조각을 연상시키는 괴석이 보인다.

성종대왕 태실과 태실비

　자경전 터를 지나 양화당 북동쪽 언덕 숲길로 따라가면 성종대왕 태실이 나옵니다. 성종대왕 태실이 있는 이곳 숲은 소나무가 우거지고 풍광이 꽤 좋은 곳이지만 본래 태실이 있을 자리는 아닙니다.

　궁궐에서는 왕손이 태어나면 그 태(胎)를 깨끗이 닦은 뒤, 태항아리에 담아 지세가 좋은 곳에 태실을 조성하였습니다. 태실을 품은 산을 태봉이라 합니다. 성종 태실은 원래는 경기도 광주군 경안면 태전리에 있던 것을 1928년 일제가 이곳에 옮겨 온 것입니다. 이왕직에서는 전국 각지에 흩어져 있는 조선 왕실의 태실을 통합 관리한다는 명목으로 서삼릉(西三陵)으로 옮길 때 대부분 태실의 석물은 현지에 버려둔 채 태항아리만 수습해 왔습니다. 따라서 태실의 모습을 보전하기가 어렵게 되자 그중 상태가 가장 좋은 성종 태실의 석물 일체를 창경원에 옮겨 연구용으로 삼았다고 합니다.

　성종 태실은 4각형의 지대석 위에 석종형(石鐘形)의 몸체를 놓고 그 위에 연잎 모양의 8각형 지붕돌을 얹었습니다. 지붕돌의 상륜부(相輪部)는 보주로 묶어 장식하고 태실의 가장자리는 난간석을 둘러 보호하고 있습니다. 태실을 둘러보고 동쪽을 보면 거북이 형상의 귀부(龜趺)가 비문을 새긴 비신(碑身)과 이수(螭首)를 등에 지고 있습니다. 비신 앞면에 '성종대왕태실(成宗大王胎室)'이라 새겨져 있고, 비신 위에 얹은 이수 조

성종대왕 태실과 태실비

각은 양감이나 생동감은 별로 없고 밋밋한 선각 위주로 형상 표현을 하고 있습니다. 태실비의 귀부나 이수 조각은 간결하지만 그 균형이 좋고 조형적으로 무게감 있는 걸작입니다.

세조의 며느리가 되어 왕손을 낳고 왕비가 될 수 있었지만, 남편이 죽자 청상의 몸으로 궁궐에서 나와 가슴 조이는 세월을 견디며 아들을 키웠고, 그 아들(성종)을 왕위에 오르게 하기까지 오랜 세월을 마음 졸이며 살았던 어머니 인수대비와 손자가 어린 나이에 즉위하자 그를 도와 수렴청정을 했던 할머니 정희왕후를 향한 임금의 효성이 어찌 다른 평범한 사람 같았을까요. 성종은 그 웃어른들에 대한 효성으로 창경궁을 지어 모셨고, 결국은 태어날 때 부모로부터 받은 태를 모셨던 태실을 훗날 이곳 창경궁 숲 한 켠에 옮겨 놓았습니다. 일제가 성종대왕 태실을 이곳으로 옮길 때 창경궁을 창건한 성종의 인연을 생각해서였든 아니든 간에 성종의 태실이 창경궁으로 돌아와 놓이게 된 것에는 특별한 생각이 들 수밖에 없습니다.

그러나 정작 태실에 모셨던 성종대왕의 어태(御胎)는 서삼릉 공동 태무덤이 있는 곳에 짧은 팻말 하나 세워진 아래 묻혀 있습니다. 일제가 조선 역대 왕실의 태실을 서삼릉으로 옮기면서 그 태실을 명당에 조성했던 풍수지리적인 개념과 의미는 모두 사라져버리고 말았습니다.

❖ 서삼릉 태실

우리나라는 전통적으로 태를 아주 신중하게 다루었는데 이는 인간의 잉태부터 그 생명을 존귀하게 여기고 그 생명의 근원인 태를 역시 소중하게 여긴 까닭이다. 어미가 아기를 잉태하기 위해 천지신명과 삼신할머니에게 간절하게 기원을 했고, 잉태를 하면 생명을 훌륭하게 양육하고자 태중에서부터 태교를 했다. 태반은 태아에게 영양을 공급하고 안락하게 보호하는 조직으로 출산과 더불어 산모의 몸 밖으로 나오게 된다. 출산 직후 산모와 태아가 서로 한 몸으로 연결 되어 있는 탯줄을 가르고 나서야 비로소 태아는 독립된 개체가 되는 것이다. 태의 처리는 민간의 경우 대개 정결한 곳에서 태우거나 땅에 묻었다. 왕실과 민간의 차이점이라면 왕실은 전문가들이 전국을 대상으로 길지를 찾아 태실을 조성하고 태를 묻었다는 것뿐이다.

조선 왕실에서는 왕의 자녀가 탄생하면 미리 택한 길지에 태실을 조성하여 등급에 따라 태를 묻었다. 태실의 구조는 태 주인의 호칭과 사주를 간략하게 기록한 태지석을 석함의 바닥에 놓고, 그 위에 이중으로 된 태항아리를 넣은 후 석함 뚜껑을 닫고 그 석실 위에 부도처럼 생긴 석물을 올린다. 매장된 태의 주인을 알려주는 태비를 태실 앞에 세우고 태실의 보호를 위해 태봉산 외곽에 금표비·하마비·화소비 등으로 불리는 표석을 세운다.

그러나 일제에 의해 옮겨진 서삼릉 경내의 태실을 보면 이런 위엄과 권위는 간 데 없고, 다만 작은 팻말로 누구의 태인지를 구분하고 있다. 원래 길지만 골라 모셨던 조선 왕실의 태실을 이렇게 태항아리만 수습하여 서삼릉에 모아 놓은 것을 두고 망국의 왕실이 겪어야하는 능욕이라고 생각하는 시각이 많았다. 그러나 이를 두고 이왕직의 만행이라고 치부할 수만은 없는 사정이 있었던 것으로 보인다. 1928년은 순종이 승하한 직후였고 일제가 마음대로 전국 각지에 흩어져 있는 조선 왕실의 태실을 정리하는 데에 걸림돌이 없어진 것은 사실이지만 그동안 왕실의 위세는 추락할 대로 추락하여 어디랄 것도 없이 태실의 관리가 너무 엉망이었다는 것이다. 국왕의 태실은 여러 곳이 이미 도굴 당했고 심지어 태실이 명당이라 하여 그 자리에 민간인들이 시체를 암장 한 곳도 수두룩한 지경이었다. 그래서 태실을 관리하기 위해서는 태항아리를 모두 한 곳에 모아야한다는 명분이 성립되었고, 서삼릉 경내에 공동 태실을 조성하게 되었던 것이다.

12
춘당지 물길을 따라 걷다

홍화문 북행각의 광덕문을 지나 물길을 따라가다 보면 춘당지로 이어집니다.

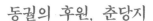
동궐의 후원, 춘당지

　성종 태실에서 출발을 하거나 창경궁의 옥천 물길을 따라 북쪽으로
산책을 하다 보면 나무들이 우거져서 점점 궁궐의 깊은 곳으로 들어가
고 있다는 느낌이 듭니다. 성종 태실 쪽에서 춘당지는 가깝습니다. 그
런데 만약 당신께서 처음 창경궁 홍화문을 들어섰을 때 옥천교를 건너
명정전으로 가지 않고 발길을 과감히 북쪽으로 돌리는 순간, 시간을 정
지시킬 만큼 놀라운 아름다움이 당신을 기다리고 있을 것입니다.

춘당지로 이어지는 물길

옥천 물길을 따라가다가 홍화문 북행각의 광덕문(光德門)을 지나서 왼편에 물길을 두고 숲길을 산책하다 보면 어느새 창경궁의 다양한 수목이 주는 아름다움에 젖어들게 됩니다. '작은 것이 아름답다'는 말이 왜 생겼는지 감탄을 할 만큼 다른 궁궐에서는 맛볼 수 없는, 오직 이 작은 동궐에서만 느낄 수 있는 매력입니다.

애초에 궁궐이라는 곳이 우리가 일상 말하는 작은 곳은 아니지만 다른 궁궐과 비교했을 때 그 규모가 갖는 비중이 작은 창경궁이라서 더욱 감동이 큰지도 모르겠습니다. 물론 창경궁의 숲길은 문정전 남쪽이나 자경전 터 언덕길이나 모두 아름답지만 특히 이곳 홍화문 북행각 바깥으로 나서면서 내게 다가오는 숲길은 작은 새소리에도 귀 기울이고 그냥 서두르지 않고 천천히 걷게 하는 편안한 정서가 있습니다. 게다가 내 옆의 물길이 소곤거리며 흐르는 그 풍경은 순간 우리의 영혼을 맑게 해주는 한 편의 서정시가 되기도 합니다. 창경궁의 아름다운 후원, 춘당지로 가는 길입니다.

춘당지로 가는 숲길

물길이 석축

물길을 따라가면서 만나게 되는 창경궁의 수려한 가을 숲입니다.

산책로에서 바라본 홍화문 북행각

춘당대와 춘당지

성종 태실을 둘러보고 약간 내리막길을 걷다가 북쪽으로 꺾어지면 물 가운데 둥근 섬을 두고 있는 대단히 큰 연못이 나옵니다. 지금은 창덕궁과 경계 짓는 담장이 그 앞을 막고 있어 우리가 춘당지를 창경궁의 연못으로만 생각하기 쉬운데 원래는 창덕궁 후원 영화당 앞의 큰 마당을 춘당대(春塘臺)라 불렀고, 그 앞에 딸린 지당(池塘)을 춘당지(春塘池)로 부르게 된 것입니다.

춘당대는 원래 서총대(瑞蔥臺)라고 불렀습니다. 이 명칭은 성종 때 이곳에서 한 줄기에 아홉 잎의 파가 나와 '서총(瑞蔥)'이라 한 것을, 연산군이 여기에 돌을 쌓아 배양한 데서 유래한 것입니다. 《중종실록》에는 "연산군이 창경궁 후원에 높이가 1백여 척이나 되는 누대를 쌓고, 이름을 서총대(瑞蔥臺)라 하였다. 그 위에는 1천여 인을 앉힐 만하였으며, 그 아래에는 못을 파고 그 곁에 정자를 지었다"고 했습니다. 서총대는 임진왜란 전까지 군신 간의 연회와 시사(試射), 시범 군사훈련을 하거나 열무(閱武)하던 공간입니다. 후에는 이곳을 춘당대라 부르며 춘당대에서 왕이 친림(親臨)한 가운데 치르는 과거를 춘당대시(春塘臺試)라고 했습니다. 《연려실기술》에 의하면 선조 5년(1572)에 처음 춘당대시를 실시했다

고 합니다. 춘당대시는 3년 마다 치르는 식년시(式年試) 외에 비정규적으로 실행된 문·무과의 과거시험으로 왕실에 경사가 있을 때나 유생을 시험하기 위해 임시로 실시하던 별시였습니다.

춘당지 주변의 백송으로 하얀 껍질이 특징이다.

드디어 시원하게 트인 물가에 당도하면 큰 연못이 눈앞에 펼쳐지는데 연못이 워낙 커서 한눈에 전경이 다 들어오지는 않습니다. 다시 연못 가장자리를 따라 대온실이 있는 지점까지 거의 다 가면 춘당지의 중간을 지나는 다리가 있습니다. 그리고 보니 연못의 형태가 원래 조선시대 전통 조경에 나타나는 네모난 방지(方池)가 아닙니다. 〈동궐도〉에 보면 원래의 춘당지는 바로 이 윗부분만이 연못이었고, 그 아래 양쪽으로 나란히 열한배미의 논이 있습니다. 창덕궁 후원에는 내농포(內農圃)에서

열한배미 논이 있던 자리인 남쪽 춘당지와 위쪽 춘당지를 연결하는 다리

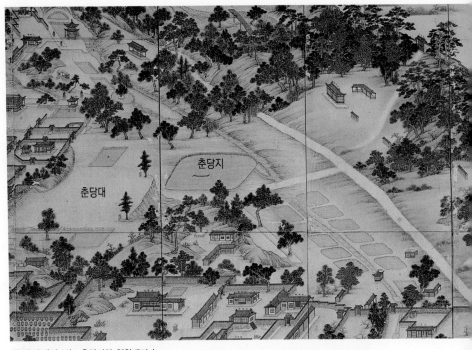

〈동궐도〉에서 보는 춘당지와 열한배미 논

관리하던 논과 뽕밭이 있었는데, 왕이 친히 농사짓던 권농장이 바로 춘당지 옆의 개울을 끼고 나란히 자리했던 열한배미의 논입니다. 궁궐 안에 논을 두어 임금이 직접 농사 지어보면서 백성들이 농사짓는 수고를 알고 계절을 살피려 했던 것입니다. 〈동궐도〉에 그 내농포 남쪽으로 관풍각(觀豊閣)이 보입니다.

영조 22년(1746) 봄 왕은 후원에 벼를 심는 날 사도세자와 함께 관풍각에 나아가 세자에게 농사의 어려움을 알게 하였습니다. 이날 영조가 직접 소시(小詩)를 지어 세자와 여러 신하들에게 보이니, 세자와 신하들도 시를 지어 올렸습니다. 왕이 세자의 시를 보고 웃으면서 말하기를, "한편으로는 가뭄을 걱정하여 비가 내리기를 바라는 뜻이 있고, 한편으로는 나에게 덕을 닦도록 면려하는 뜻이 있다. 내가 나이 50이 넘어서 어린 아들에게 더 면려하라는 말을 듣게 되니 부끄럽기도 하고 또한 가상하기도 하다" 하며 기뻐하였습니다. 그날 왕은 농사를 권면하는 칙교를 내렸습니다. 이곳에서 정조의 상림십경(上林十景) 중 첫 번째인 관풍춘경(觀豊春耕: 관풍각의 봄 논갈이)을 떠올려봅니다.

조선의 왕은 매년 경칩 뒤의 해일(亥日)에 선농단에 나가 신농씨(神農氏)와 후직씨(后稷氏)에게 친히 제사를 지내고 손수 쟁기로 논을 갈았습니다. 왕이 직접 하늘에 제사를 지내 백성의 걱정을 덜어주고 풍년을 기원하는 제주의 역할을 하고 친경(親耕)을 했던 것인데, 이는 신라시대부터 농업에 근본을 둔 우리민족의 유구한 전통이었습니다. 친경례는 임금이 농민들에게 위로주를 돌리며 잔치를 베푸는 것으로 끝이 났습니다. 태종 때 시작한 친경의식은 1909년 4월 5일 순종 황제가 제기동 선농단에서 행한 친경례를 마지막으로 폐지되었습니다.

춘당지 옆 권농장(勸農場)의 경관은 봄에 논 갈고 여름에 논을 매고, 가을에 추수하고, 겨울에 한적한 고독을 느끼게 하는, 자연의 순환을 그대로 보여주는 왕의 친경 터였습니다. 《궁궐지》에는 "관풍각은 인조 25년(1647)에 지었는데, 금원의 여러 곳의 물이 모여 마루 밑으로 흘렀다. 북쪽에는 논이 있고 앞에는 연지가 있다"고 쓰고 있습니다. 정자에 오르면 관풍각 마루 밑으로 흐르는 맑은 물이 마음을 시원하게 하고, 그 물은 지금 홍화문 안쪽의 옥천으로 이어졌습니다.

봄이 되면 춘당지는 원앙들로 장관을 이룹니다.

춘당지의 원앙 한 쌍

왕비의 친잠례

　조선의 왕비는 ❀선잠단(先蠶壇)에서 양잠의 신 서릉씨(西陵氏)에게 제사를 지내고 양잠을 직접 시연하는 친잠례를 행하였습니다. 물론 왕비가 만백성의 어머니로서 그 모범을 보이는 의식이었겠으나, 실상은 친경이나 친잠은 어디까지나 의례로 행하던 상징적인 성격이 강합니다. 그런데 친잠례의 경우는 왕비가 모처럼 집 밖으로 나가 자신의 권위를 한껏 내세울 수 있는 기회이기도 했습니다. 역대 제왕들이 대부분 왕비 이외에 후궁을 여럿 거느리는 경우가 허다했는데, 역사서나 드라마에서 보면 왕의 총애를 입은 후궁들의 위치가 마치 왕비의 권위를 능가하는 듯한 행동이나 분위기를 많이 보게 됩니다. 그러나 이 친잠례에서의 위계는 아주 엄격해서 의식에 있어서 복색(服色)이나 절차에 이르기까지 모든 것이 왕비를 정점으로 행해지기 때문에 친잠례를 행하면서 그 위계질서가 다시 부각되는 것입니다. 아마도 조선시대의 왕비들은 친

❀ **선잠단** : 선잠제(先蠶祭)를 지내던 제단으로 조선 정종 2년(1400)에 건립되었으며, 서울의 동교(東郊) 동소문(東小門) 밖, 지금의 혜와문 밖에 있었다. 그리고 성종 대에는 "친잠단(親蠶壇)의 터를 창덕궁 후원에 살펴 정하게 하였다"고 적고 있는데, 이는 후원에 뽕나무를 심어 왕비가 친잠례를 거행하기 위한 채상단(採桑壇)을 설치한 것이다. 성종 8년(1477) 3월 왕비가 내외명부를 거느리고 채상단에 나가 친잠례를 행했다.

잠례로 자신의 권위를 그 후궁들에게 명확하게 각인시키는 계기가 되었을 것입니다.

"1923년 6월 순종비 윤왕후께서 창덕궁 서향각 친잠실에서 수견(收繭), 즉 누에고치를 따는 의식을 치른 후 주합루(宙合樓)로 나아가 다과를 베풀었다."

조선 귀족과 귀족 부인이 함께 참석하였다는 기록이 조선왕실의 마지막 친잠례 기사입니다. 서향각에는 그 친잠의 흔적으로 '어친잠실(御親蠶室)'과 '친잠권민(親蠶勸民)' 두 개의 현판이 걸려 있습니다.

왕비는 음력 4월 첫 사일(巳日)에 관덕정(觀德亭) 남쪽에 있는 잠단(蠶壇)에서 양잠의 신 서릉씨(西陵氏)에게 제사를 지내고 창덕궁 후원에 위치한 주합루 옆 서향각에서 양잠을 직접 시연하는 친잠례를 내·외명부를 거느리고 행하였습니다.

이처럼 조선시대의 왕과 왕비는 각기 농사와 양잠의 시범을 보이며 농정을 살폈는데, 이러한 의례가 형식적인 행사라고 할지라도 왕실에서 친경례(親耕禮)와 친잠례(親蠶禮)를 행하는 것은 왕과 왕비가 몸소 체험하여 모범을 보이고 백성의 수고로움을 헤아리는 어진 마음을 표현한 전통입니다.

노랗게 물든 가을 산책로

춘당지를 따라 이어지는 숲길은 한 편의 서정시를 들려주는 듯합니다.

현재의 춘당지 못은 논을 없애고 1907년부터 파기 시작하여 1909년
에 완공된 것입니다. 일제강점기에 조선의 국왕이 친경하던 내농포(內農
圃)의 원형을 훼손하고 논자리를 북쪽의 연못과 합쳐서 큰 못으로 만들
고, 사쿠라 흐드러지는 눈부신 절경 속에서 놀잇배를 띄워 놀았습니다.
못 가장자리에는 일본식 정자를 세우고 해방 후 1962년에는 못 위로 창
경원 전체를 내려다볼 수 있는 케이블카가 설치되기도 했습니다. 지금

일본식 정자와 케이블카가 설치되었던 1960년대 춘당지

정비된 창경궁의 모습에서는 도저히 상상할 수 없는 풍경이었는데, 당시 일제가 조성해서 출발한 창경원의 시설은 해방 후에도 점점 더 확장되어 일반 시민들이 서울 한복판에서 가장 화려하게 즐길 수 있는 위락시설이 이 춘당지 부근에 조성되었던 것입니다. 마치 오늘 날 서울대공원이나 용인에 있는 놀이동산의 출발점이 창경원이었던 셈입니다.

1909년 춘당지를 확장하면서 왕의 내농포가 사라졌고, 해방 후에도 온갖 놀이 시설이 들어섰던 춘당지 주변은 1980년대의 정비를 마치고 창경궁의 후원으로 우리에게 돌아왔습니다. 그러나 조선시대 춘당지 아래쪽에 있던 내농포는 창경궁을 복원 정비하면서도 되살리지 못했습니다. 당시의 《창경궁 중건보고서》에 의하면 1983년 복원공사 때 창덕궁 후원에서 내려오는 빗물을 처리해야 하는 문제 때문에 춘당지를 그대로 두기로 했다는 것입니다. 그리고 1986년 춘당지를 한국식 연못으로 재조성하였는데, 춘당지가 너무 넓고 단조로워서 연못 가운데에 섬을 만들어 경관을 살리고 연못 가장자리에는 자연석을 전통기법으로 쌓아 마무리를 하였습니다. 춘당지 주변에는 버드나무와 소나무 등 전통 수목을 심어 지금 춘당지 주변은 창경궁에서 가장 아름다운 풍광을 자랑하는 원유(苑囿)가 되었습니다.

그러나 그럼에도 못내 아쉬운 것은 원래 춘당지 아래쪽에 있던 내농포를 되살려 궁궐에서 친경을 하던 제왕의 어진 마음을 오늘에 재현하였으면 하는 마음 때문입니다. 창덕궁 후원 옥류천 계곡의 청의정 앞 작은 논에서 매년 문화재청과 창덕궁관리소 주관으로 왕의 친경하던 모습을 시민들과 함께 약식으로 재현하고는 있지만, 청의정 앞은 원래 논자리도 아니었고, 가장 큰 문제점은 그 자리가 이제는 수목이 우거질

춘당지의 겨울

대로 우거져서 농사를 짓기에는 너무도 옹색한 상황이 되었다는 점입
니다. 이런 옥류천의 좁고 깊은 계곡에 비하면 춘당지 부근은 평평하게
확 트인 지형으로 옛날의 내농포를 되살린다면 이곳이 논농사를 짓기
에 나쁘지 않을 것입니다. 경복궁의 후원에 딸린 내농포가 현재의 청와
대 경내로 포함되어 흔적조차 없어졌고 창경궁의 논배미도 춘당지의
확장으로 사라지고 말았으니, 조선시대 궁궐에서 왕이 백성을 생각하
는 어진 마음으로 친경을 펼쳤던 권농장을 되살리지 못하는 것에 대한
아쉬움이 큽니다.

춘당지 옆의 칠층석탑

춘당지 북서쪽으로 우리의 전통양식과는 다르게 생긴 아주 키가 높은 탑이 하나 있습니다. 이 탑은 1470년 중국 명나라에서 만들어진 것

칠층석탑

으로 이왕가박물관을 건립할 때 1911년 만주 상인으로부터 구입했다고 합니다. 안내판에는 공주 마곡사에 있는 라마탑 형식과 유사하다고 쓰여 있습니다. 과연 대석에서부터 몸돌 구성이 우리나라의 전통 탑 형식과는 사뭇 다른 모양이라서 좀 낯설기도 합니다. 탑의 표면이 어둡게 변한 것으로 보아 돌의 종류는 우리나라의 화강석보다 철 성분이 많이 포함 된 듯합니다. 탑의 각 면마다 문양이 가득하고 특히 탑신 위에 놓인 지붕돌에는 기와골이 조각되어 이 탑이 목조건축의 구조를 따르고 있다는 것을 보여줍니다.

❖ 칠층석탑 감상하기

춘당지 옆에 세워진 이 탑은 8각 평면 위에 7층의 탑신(塔身)을 세운 높이 6.5미터의 중국식 석탑이다. 이 석탑은 크게 지대석(地臺石: 받침돌)·기단부(基壇部)·탑신부(塔身部)·상륜부(相輪部: 꼭대기 장식 부분)로 이루어져 있다. 지대석과 기단부가 탑신에 비해 매우 높아서 우리나라 전통 탑에서 보이는 균형 잡힌 안정감이 약하다.

석탑의 기단부는 맨 아래 3단의 받침돌(지대석) 위에 높직한 기단이 올려지고 다시 받침을 올린 후 7개 층의 탑신이 올랐다. 지대석은 4각으로 땅 위에 밑단을 두고 그 위로 2단의 8각 지대석을 얹었는데 8각의 각 면마다 안상(眼象: 코끼리 눈 모양으로 뚫은 장식)을 얕게 새겼다.

연꽃 받침돌

지대석 위에 놓인 기단의 위와 아래에는 납작한 받침돌에 연꽃을 새기고 가운데 8각의 기단석에는 각 면마다에 화려한 여의두문(如意頭文)을 새겼다. 기단의 맨 윗돌에도 아랫돌과 대칭으로 연꽃(앙련)을 새기고 그 위의 납작한 받침돌에는 다시 안상을 장식했다. 8각 기단 위에는 높직한 연꽃 고임돌(복련)과 한 단의 낮은 고임대가 마치 둥근 승반(承盤: 넓은 대접)

을 엎어놓은 모양인데 연꽃잎을 양감 있게 조각해서 화려하다. 그리고 그 위에 다시 앙련받침으로 1층 탑신을 받치도록 하였다.

8각의 탑신부는 7층으로, 1층은 키가 높고 볼록한 항아리에 뚜껑을 얹은 모습인데 이 1층 몸돌에 탑을 세운 시기가 새겨져 있어 1470년(성종 1년)에 이 탑을 세웠음을 알게 되었다. 2층부터 몸돌의 높이는 급격히 낮아져서 탑의 비례가 삐죽해 보인다. 옥개석(屋蓋石: 지붕돌)은 높아서 윗부분이 잘 보이지 않지만 찬찬히 들여다보면 목조 건축의 지붕처럼 기왓골이 표시되어 있다. 탑의 꼭대기 상륜부는 노반(露盤: 머리 장식 받침)과 보주(寶珠: 연꽃봉오리 모양의 장식)가 하나의 돌로 조성되어 있는데 후대에 보수된 것이다. 탑의 형상은 여러 군데 석재가 깨지고 돌의 철성분이 표면으로 나와서 검게 변질된 부분도 있다. 우리나라에 있는 유일한 중국 석탑이라는 점에서 가치가 크다.

식물원 가는 길에 핀 맥문동

춘당지 북쪽에 있는 대온실은 전체 구조를 이루고 있는 창살의 선이 아름다운 유리 건물입니다. 담장 밖 창덕궁 후원 쪽에서도 잘 보이는데 창경궁 식물원이라는 명칭으로 잘 알려져 있습니다. 일본 황실 식물원 담당자였던 일본인 후쿠바 하야토(福羽逸人)가 설계하고, 프랑스 회사가 시공을 담당하였습니다. 1907년 대한제국 순종 원년에 기공하여 1909년 9월에 준공하였습니다. 건축 당시에는 170여 평(약 570여㎡)으로 우리

식물원

식물원 우리나라 최초의 유리 건축물이다.

나라 최초의 서양식 온실로 동양 최대 규모의 목조 식물원이었습니다. 당시 우리 땅에서는 보기 힘들었던 열대지방의 관상식물을 비롯하여 각종 희귀식물을 전시하였습니다.

　　1950년 6·25전쟁 때 창경원이 폐쇄되면서 관리부실과 1·4후퇴 당시의 폭격으로 유리창과 프레임이 크게 훼손되었던 것을 1961년과 1976년에 보수하여 오늘에 이르고 있습니다. 1980년 대 창경원의 동물원을 철거해서 과천 서울대공원으로 이전하면서 창경원 시절의 벚나무도 모두 뽑아내고 우리 전통 식생에 맞게 조림을 했으나 이 온실은 그대로 남겼습니다. 현재는 우리 땅의 야생 식물을 보여주는 식물원으로 운영하고 있습니다.

대온실은 우리나라 최초의 목구조와 주철 구조의 합성으로 건축된 유일한 유리 건축물입니다. 건물 전체의 외양을 형성하는 프레임이 가느다랗고 하얗게 칠해져서 유리의 재질과 함께 경쾌하고 산뜻해 보입니다. 지붕의 목재 부재와 창살을 햇살을 최대한 많이 받을 수 있도록 가늘게 만든 것입니다. 외관은 유리 박스에 경사 지붕이 얹혀 있는 단순한 구성이지만 창호의 사라센풍 아치는 건물 전체에 경쾌하고 우아한 비례감을 만들어냅니다. 온실 내부는 주철재 기둥이 지지하고 있는데 천장 중앙부의 높은 유리 천장으로 들어오는 하늘이 그림 속에 들어온 듯한 기분이 들게 합니다.

클리어 스토리(Clear Story: 지붕과 가까이 뚫은 고창. 지붕 공간에 채광과 환기시켜주는 역할을 함) 부분을 지탱하는 모서리 기둥 들은 주철과 목재를 혼합 사용하여 서양의 최첨단 건축재를 쓰면서 전통 목가구의 짜임 방식을 혼합 사용했습니다. 7미터 높이의 클리어 스토리를 이루는 면에는 프로젝트 창을 설치하여 개폐가 가능하도록 설계했습니다. 온도 조절을 위한 창호 개폐 장치는 기둥에 달려 있는 둥근 밸브를 돌리면 지렛대의 원리에 의해 창을 열고 닫을 수 있는데, 현재 많은 연결 부위가 떨어지고 부재가 느슨해져서 작동하지 못하는 것이 많습니다.

대온실 앞의 정원은 식물원 당시 유럽 궁정의 바로크식 정원으로 조성하였는데, 가운데에 분수를 설치한 프랑스식 정원은 대온실 시공사였던 프랑스 측이 정원 조성에도 관여했을 가능성이 있습니다.

식물원 앞마당의 바로크식 정원

　1969년에 양옆에 돔 모양의 온실이 설치되어 있었으나 창경궁 복원 공사 중 철거되었습니다. 유리 온실의 지붕 용마루에는 철재 오얏꽃 장식을 올려서 황실 식물원으로서의 출발을 보여주고 있습니다. 100년 전 대한제국 말기 이 땅에 실현된 서양 건축의 면모를 살펴볼 수 있는 귀중한 유산입니다. 대온실은 한국 최초의 서양식 유리 건물로 2004년 2월 6일 등록문화재 제83호로 지정되었습니다.

바로크식 정원 양식을 돋보이게 하는 분수대의 장식입니다.

식물원 출입문의 오얏꽃 문장

춘당지 북쪽에서 대온실을 왼편에 두고 숲길로 들어가면 제법 큰 정자가 나옵니다. 관덕정(觀德亭)은 활을 쏘던 사정(射亭)입니다. '관덕(觀德)'은 활쏘기를 뜻하는 말로《예기(禮記)》사의(射義)에 "활쏘기는 진퇴(進退)와 주선(周旋)이 반드시 예(禮)에 맞아야 한다. 마음이 바르고 자세가 곧아야 활과 화살을 잡을 때 안정되고 든든하며, 이런 다음에야 과녁을 맞힐 수 있다. 이래서 덕행을 보게 되는 것이다"라고 했습니다. 활터를

관덕정

집춘문으로 이어지는 관덕정 뒤편의 길

관덕정이라 한 것도 이 때문입니다. 정조의 창덕궁 후원의 경치를 노래한 상림십경(上林十景) 중 여덟 번째로 관덕풍림(觀德楓林: 관덕정의 단풍을 감상함)이 있어 이 관덕정 주변의 아름다움을 전해주고 있습니다. 활쏘기를 좋아했던 정조는 이 관덕정에서 아마 그 뛰어난 신궁(神弓)의 기량을 보였겠지요.

《궁궐지》에 "관덕정은 영화당 동쪽의 장원봉(壯元峰) 북쪽에 있고 남쪽에는 잠단이 있는데 바로 성종 3년(1472)에 채상단(採桑壇)의 옛터에 지었고 공혜왕후(성종 원비 한씨)가 항상 이곳에서 잠례를 행하였다"고 쓰여 있습니다. 원래 이곳이 누에를 치던 곳이었는데 인조 20년에 사정을 지어 취미정(翠微亭)이라 부르다가 현종 5년 정자 이름을 관덕정이라 고쳤다고 했습니다. 관덕정 아래 군사들이 활쏘기 말 타기 연습을 할 수 있는 넓은 공간이 있었습니다. 그리고 후원 영화당 춘당대에서 활을 쏘면 이 관덕정 앞에 과녁을 설치했다고 합니다.

관덕정에서 동쪽 담장으로 더 올라가보면 성균관으로 통하던 집춘문(集春門)이 있습니다.

창경궁을 둘러보고 나면 이 작은 궁궐이 주는 정다움에 마음이 따뜻해집니다. 일제강점기를 거치면서 동물원으로 전락하고 궁궐의 존엄을 유린당했던 아픈 역사의 현장이 작은 동궐로 우리에게 돌아왔습니다. 이제 우리는 앞으로 더 많은 노력으로 창경궁의 본래 모습을 되살리고 지켜가야 할 것입니다. 창경궁은 역대 왕실 가족들의 삶이 가장 진하게 배어 있는 궁궐이었습니다. 우리의 노력이 더해진 어느 날엔가는 이 궁궐에 살았던 옛사람의 흔적도 우리 곁에서 함께 숨 쉬게 되기를 바래봅니다.

창경궁의 물길 숲길을 따라 걸으면서 바람이 전해주는 숲내음과 새소리에 고마워하게 됩니다. 그리고 오백여 년을 넘는 긴 세월 동안 그 맑은 물길을 보여주는 옥천교 다리를 건너면서 이 궁궐이 우리에게 주는 참다운 역사가 무엇인지 다시 생각합니다.

부록_창경궁 십경

오늘 당신의 여행은 어떤 그림으로 기억에 남을까요? 창경궁은 여러 표정으로 당신께 기억되겠지요. 창경궁 십경의 아름다움을 당신의 마음속 화첩에 그려보십시오.

전각과 후원

	1경 옥천교의 봄
	2경 명정전 뒤편의 익랑과 천랑 구조
	3경 함인정의 사계
	4경 남쪽 나무숲에서 보는 문정전

	5경 문정전 남쪽 숲길의 사계
	6경 통명전 대청에서 내다보는 풍경
	7경 통명전의 연지
	8경 자경전 터 언덕에서 바라보는 창경궁 전경
	9경 풍기대와 괴석
	10경 춘당지의 봄빛바라기

부록_창경궁 행사 일정

야간 특별개장
대상 : 일반
시기 : 1월, 4월, 7월, 10월
참여 방법 : 창경궁 홈페이지에서 확인
장소 : 창경궁 경내

궁궐에서 1박2일 문화체험
대상 : 일반
시기 : 5월~6월
참여 방법 : 문화소외계층
장소 : 통명전

고궁 청소년문화학교
대상 : 청소년
시기 : 7월~8월
참여 방법 : 한국문화재보호재단 홈페이지에서 확인
장소 : 창경궁 경내

궁궐의 일상을 걷다
대상 : 일반
시기 : 9월
참여 방법 : 한국문화재보호재단 홈페이지에서 확인
장소 : 홍화문, 옥천교, 문정전, 환경전, 통명전

가을 愛 폰카 사진 콘테스트
대상 : 일반
시기 : 매년 11월
참여 방법 : 창경궁 입장객 누구나
장소 : 창경궁 경내

1대 태조 : 신의왕후 한씨

방우
2대 정종
방의
방간
3대 태종 : 원경왕후 민씨
방연

양녕대군
효령대군
4대 세종 : 소헌왕후 심씨
성령대군

5대 문종 : 현덕왕후 권씨 ——— **6대 단종**

7대 세조 : 정희왕후 윤씨
안평대군
임영대군
광평대군
금성대군
평원대군
영응대군

의경세자(덕종) : 소혜왕후 한씨
8대 예종

9대 성종 : 폐비 윤씨 ——— **10대 연산군**
　　　　　 : 정현왕후 윤씨 ┐

11대 중종 : 장경왕후 윤씨 — **12대 인종**
　　　　　 : 문정왕후 윤씨 — **13대 명종**
　　　　　 : 경빈 박씨 ——— 복성군
　　　　　 : 희빈 홍씨 ⟨ 금원군
　　　　　　　　　　　　　 봉성군
　　　　　 : 창빈 안씨 ⟨ 영양군
　　　　　　　　　　　　　 덕흥대원군

14대 선조

14대 선조 : 의인왕후 박씨
    : 인목왕후 김씨 ― 영창대군
    : 공빈 김씨 ┌ 임해군
                └ **15대 광해군**
    : 인빈 김씨 ┌ 의안군
                ├ 신성군
                ├ 정원군(원종) ― **16대 인조** : 인렬왕후 한씨
                └ 의창군

                              소현세자
                             17대 효종 : 인선왕후 장씨
                             인평대군
                             용성대군   **18대 현종** : 명성왕후 김씨

                                        19대 숙종 : 인경왕후 김씨
                                            : 인현왕후 민씨
                                            : 인원왕후 김씨
                                            : 희빈 장씨 ― **20대 경종**
                                            : 숙빈 최씨 ― **21대 영조**

21대 영조 : 정성왕후 서씨
    : 정순왕후 김씨
    : 정빈 이씨 ― 효장세자(진종)
    : 영빈 이씨 ― 사도세자 : 혜빈 홍씨 ― **22대 정조** : 효의왕후 김씨
              (장조)   : 의빈 성씨 ― 문효세자
                                        : 수빈 박씨 ― **23대 순조** : 순원왕후 김씨
                                                   효명세자(익종) : 신정왕후 조씨
                    : 숙빈 임씨 ┌ 은언군 ― 전계대원군 ― **25대 철종**   **24대 헌종**
                            └ 은신군 ― 남연군 ― 흥선대원군 : 여흥 부대부인 민씨
                    : 경빈 박씨 ― 은전군   **26대 고종**

                     26대 고종 : 명성황후 민씨 ―― **27대 순종** : 순명효황후 민씨
                                             : 순정효황후 윤씨
                             : 귀인 엄씨 ――― 영친왕
                             : 귀인 이씨 ――― 완친왕
                             : 귀인 장씨 ――― 의친왕
                             : 귀인 정씨 ――― 우
                             : 귀인 양씨 ――― 덕혜옹주

1392년	태조 1년	조선 개국
1418년	세종 즉위년	11월 상왕전(태종)으로 수강궁 창건
1479년	성종 10년	5월 수강궁으로 대왕대비(정희왕후)가 옮겨감 12월 창경궁 영건을 명함
1484년	성종 15년	2월 의정부좌찬성 서거정이 왕명을 받들어 전각 이름을 지어 올림 3월 우부승지 김종직이 《창경궁기》를 지어 올림 4월 창경궁 궁궐 담장을 쌓음 9월 창경궁 낙성
1485년	성종 16년	5월 인수 왕대비와 인혜 왕대비 창경궁으로 이어
1505년	연산 11년	서총대를 쌓음
1592년	선조 25년	10월 임진왜란으로 소실
1604년	선조 37년	종묘, 궁궐 중건 시작
1615년	광해 7년	4월 광해군이 창덕궁으로 이어한 후 본격적인 창경궁 중건에 착수함
1616년	광해 8년	11월 명정전, 문정전, 환경전, 인양전 및 월랑, 어문 등이 중건됨
1623년	인조 즉위년	3월 인조반정으로 동궁인 저승전과 내전 일대 소실
1624년	인조 2년	2월 이괄의 난으로 통명전, 양화당, 환경전 등이 소실됨
1633년	인조 11년	4월 창경궁 수리 왕명이 내려지고 공사 시작함
1637년	인조 15년	1월 병자호란으로 왕이 남한산성으로 피난하였다가 환궁함
1688년	숙종 14년	10월 장희빈 지금의 낙선재 부근 취선당에서 원자 (경종)를 낳음

1752년	영조 28년	9월 경춘전에서 정조 태어남
1777년	정조 1년	5월 자경전 건립
1790년	정조 14년	1월 통명전과 여휘당이 소실됨 6월 영춘헌의 서행각인 집복헌에서 순조 탄생함
1800년	정조 23년	6월 영춘헌에서 정조 승하함
1827년	순조 27년	7월 경춘전에서 헌종 탄생함
1830년	순조 30년	8월 환경전에서 발생한 화재로 내전 일대 소실
1834년	순조 34년	통명전, 환경전 등 소실된 전각 재건
1857년	철종 8년	11월 화재로 선인문 동북 소부장청, 위장소, 주자소 등 62칸이 소실됨
1877년	고종 14년	창경궁 수리
1907년	융희 3년	11월 일제가 창경궁 보루각 일대에 동식물원 및 박물관 개설 공사 시작함
1909년	광무 9년	11월 1일 동식물원의 개원식 거행, 일반인의 관람 허용함
1911년		창경원으로 격하
1912년		율곡로 개설 시작 이후 창경궁과 종묘 단절
1982년		창경궁 중건 계획안 문화재관리위원회 심의통과
1983년		7월부터 복원공사를 위해 일반 공개를 중단 12월 30일 '창경원'을 본래의 이름인 '창경궁'으로 환원 12월 31일 공개관람을 폐지하고 동물원과 왜식 정원 등을 철거
1984년		6월 서울대공원으로 동물원 이전 8월 창경궁 복원을 위한 발굴 작업 실시함
1986년		8월 23일 문정전과 명정전 행각, 궁원 등을 복원하여 '창경궁' 공개관람 재개
1992년		11월 장서각(이전 이왕가박물관) 건물 헐림

참고문헌

인터넷

서울대학교 규장각한국학연구원, http://e-kyujanggak.snu.ac.kr/
조선왕조실록, http://sillok.history.go.kr/
승정원일기, http://sjw.history.go.kr/
위키백과, http://ko.wikipedia.org/
한국 브리태니커 온라인, http:// preview.britannica.co.kr/
한국고전번역원(전 민족문화추진회), http://www.minchu.or.kr/itkc/Index.jsp

단행본

《국립중앙박물관소장 유리건판, 궁궐》, 국립중앙박물관, 2007
《궁궐지1: 경복궁, 창덕궁》, 서울학연구소, 1994
《궁궐지2: 창경궁, 경희궁, 도성지》, 서울학연구소, 1994
《제2판 궁궐지》, 서울특별시사편찬위원회, 2000
김동현, 《서울의 궁궐건축》, 시공사, 2002
김명길, 《낙선재주변》, 중앙일보&동양방송, 1997
김문식 · 신병주, 《조선왕실 기록문화의 꽃, 의궤》, 돌베개, 2005
김영모, 《알기 쉬운 전통조경시설사전》, 동녘, 2012
김영상, 《서울육백년》, 한국일보사, 1990
김왕직, 《알기 쉬운 한국건축용어사전》, 동녘, 2007
《도심 속의 자연 그리고 창경궁》, 문화재청 창경궁관리소, 2008
《동궐도 읽기》, 문화재청 창덕궁관리소, 2005
문영빈, 《창경궁》, 대원사, 1991
문화재청, 《궁궐의 현판과 주련 2 :창덕궁, 창경궁》, 수류산방, 2007
문화재청, 《수난의 문화재》, 눌와, 2009
문화재청, 《조선의 궁궐과 종묘》, 눌와, 2010
문화재청, 《한국의 세계유산》, 눌와, 2007
문화재청 창경궁관리소, 《창경궁의 건축과 인물》, 눌와, 2008
문화재청 창경궁관리소, 《효의 궁궐창경궁》, 국제문화사, 2009
박상진, 《궁궐의 우리나무》, 눌와, 2001
박영규, 《한권으로 읽는 조선왕조실록》, 들녘, 1996
박홍갑, 《하늘 위에는 사관이 있소이다》, 가람기획, 1999
《서울의 문화재》, 서울특별시사편찬위원회, 2003

《서울육백년사, 문화사적편》, 서울특별시사편찬위원회, 1987
신명호, 《조선의 왕》, 가람기획, 1998
신명호, 《조선왕실의 의례와 생활: 궁중문화》, 돌베개, 2002
유본예, 권태익 역, 《한경지략》, 탐구당, 1975
윤장섭, 《한국건축사》, 동명사, 1981
이상보교주, 《인현왕후전》, 을유문화사, 1989
이순우, 《그들은 정말 조선을 사랑했을까》, 하늘재, 2005
《일본궁내청 소장 창덕궁 사진첩》, 문화재청 창덕궁관리소, 2006
임응식, 《한국의 고건축, 비원》, 도서출판 광장,1976
장헌덕, 《목조건축의 구성》, 한국문화재보호재단, 2006
정연식, 《일상으로 본 조선시대 이야기》, 청년사, 2001
《조선의 태실》, 전주이씨 대동종약원, 1999
《창덕궁 육백년》, 문화재청 창덕궁관리소, 2005
《창덕궁 조선의 시간을 걷다》, 문화재청 창덕궁관리소, 2010
최종덕, 《조선의 참 궁궐 창덕궁》, 눌와, 2006
한영우, 《조선의 집 동궐에 들다》, 효형출판, 2008
허균, 《전통미술의 소재와 상징》, 교보문고, 2001
홍순민, 《우리궁궐이야기》, 청년사, 1999
혜경궁 홍씨, 정병설 옮김, 《한중록》, 문학동네, 2010

학술보고서
《서삼릉태실》, 국립문화재연구소, 1999
《창경궁 대온실 기록화조사보고서》, 문화재청, 2007
《창경궁 발굴 조사보고서》, 문화재관리국, 1985
《창경궁 발굴조사보고서》, 문화재청, 2004
《창경궁 옥천교 실측조사보고서》, 문화재관리국, 1985
《창경궁 옥천교 실측조사보고서》, 문화재청, 2004
《창경궁 중건보고서》, 문화공보부문화재관리국, 1987
《창경궁 중건보고서》, 문화공보부 문화재관리국, 1989
《창경궁 통명전 실측조사보고서》, 문화재청, 2001
《창경궁 통명전 연지 실측조사및 수리보고서》, 문화재청 창경궁관리소, 2007
《창덕궁, 종묘 원유조사》, 문화재청, 2002

학위 논문
홍순민, 《조선왕조 궁궐경영과 양궐체제의 변천》, 서울대학교대학원 박사학위논문, 1996

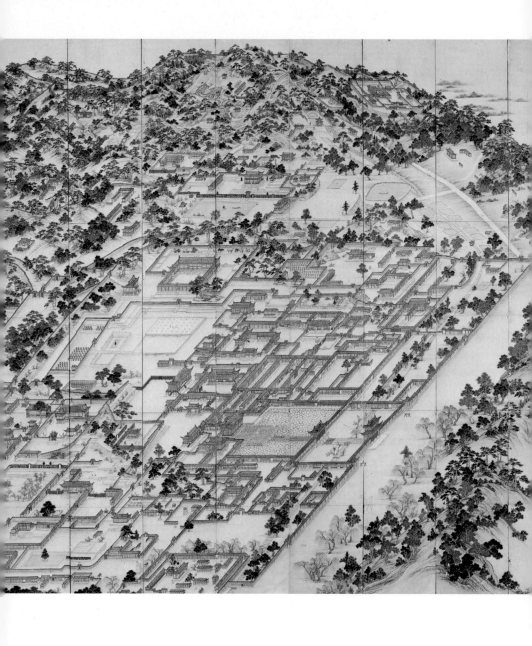